九つの論考でひもとく

続 大聖寺藩 秘史

山口隆治

はじめに

加賀藩主三代前田利常は、寛永一六年（一六三九）六月二〇日に自らの隠居および富山・大聖寺両支藩の創設を幕府に願い出て許可された。利常は四七歳で小松に隠居し、加賀藩八〇万石を長子光高に、富山藩一〇万石を二子利次《としつぐ》に、大聖寺藩七万石を三子利治《としはる》にそれぞれ分封した。加賀藩は、光高の八〇万石と利常の養老領二二万石とを合わせて一〇二万石となった。藩祖利治が得た七万石とは、江沼郡一三三ヵ村分六万五七三一石五斗九升と越中国新川郡七ヵ村分四三〇〇石余の合計であった。江沼郡那谷村は利常の養老領として除外された。二代利明は、万治三年（一六六〇）八月に新川郡七ヵ村（目川《めがわ》・上野《うわの》・入膳・八幡・道市《どいち》・青木・君島《きみじま》）を能美郡六ヵ村（馬場・島・串・日末・松崎・佐美＝四三〇二石一斗四升）と交換した。つまり、大聖寺藩領は江沼郡全域の外に能美郡六ヵ村（のち一一ヵ村）を加えたものとなった。

大聖寺藩政の基礎は、藩祖利治と二代利明の治世に完成した。とくに、二代利明は寛文二年（一六六二）に加賀藩主五代綱紀《つなのり》の指導により改作法を施行し、殖産興業を推進するなど領民の生活を安定させた。三代利直《としなお》は江戸城の奥詰《おくづめ》を長く務め、藩政を顧みなかったため藩創設以来の名門である家老神谷守応《もりまさ》と、新鋭の家老村井主殿《とのも》との政治抗争が起こり、加賀藩主五代綱紀の意向を受けて政争を処理した。四代利章《としあきら》は鷹狩りや遊芸を好み、三代利直以来の財政逼迫《ひっぱく》にも配慮せず、正徳一揆が起こった。五代利道《としみち》は元文二年（一七三七）に五歳で襲封し四二年間も治世したが、度重なる在府・国元の大火や二度の三州吉田橋の修築などにより財政を逼迫させた。

第1図　大聖寺藩主前田氏略系図

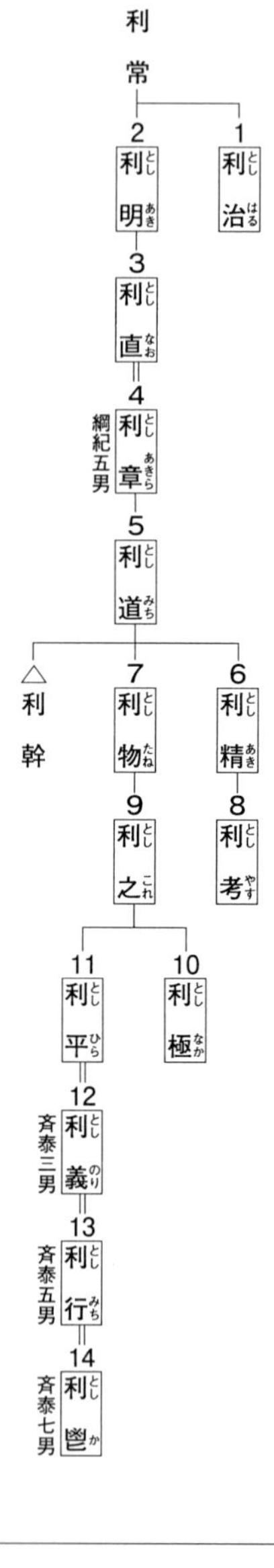

※『加賀藩史料』『大聖寺藩史』などから作成。右肩の番号は世襲の順序を、＝は加賀藩から養子に迎えたものを示す。

六代利精《としあき》は父の喪中も遊楽にふけり政治を顧みず、加賀藩主一一代治脩《はるなが》の戒告にも耳を傾けなかったため、同一〇代重教《しげみち》と一一代治脩によって廃位された。七代利物《としたね》は天明六年（一七八六）に「米《べい》札《さつ》」と称して藩札（銭札）を発行したものの、あまり通用しなかった。八代利考《としやす》は学問を好み、詩文や書画に優れ、自ら藩士を輔導《ほどう》した。九代利之《としこれ》は読書を好み、総合地誌『加賀江沼志稿』の編纂に努めたものの、一方で一〇万石の高直しを行い、財政をさらに逼迫させた。一一代利平《としひら》は軍制を中心とした藩政改革（天保改革）に際し、一〇万石の格式を辞退しようとしたが成功しなかった。一二代利《とし》

第１表　大聖寺藩の歴代藩主

藩主名	在職期間	西　暦	在職年間	国守号	院　号
１代利治《としはる》	寛永16年～万治３年	1639～1660	22年	飛騨守	実性院
２代利明《としあき》◆	万治３年～元禄５年	1660～1692	33年	飛騨守	大機院
３代利直《としなお》	元禄５年～宝永７年	1692～1710	19年	飛騨守	円通院
４代利章《としあきら》◆	正徳元年～元文２年	1711～1737	27年	備後守	正智院
５代利道《としみち》	元文２年～安永７年	1737～1778	42年	遠江守	顕照院
６代利精《としあき》	安永７年～天明２年	1778～1782	５年	備後守	高源院
７代利物《としたね》	天明２年～天明８年	1782～1788	７年	美濃守	覚成院
８代利考《としやす》	天明８年～文化２年	1788～1805	18年	飛騨守	峻徳院
９代利之《としこれ》	文化３年～天保７年	1805～1836	31年	備後守	篤含院
10代利極《としなか》	天保８年～天保９年	1837～1838	２年	駿河守	恭正院
11代利平《としひら》	天保９年～嘉永２年	1838～1849	12年	備後守	見龍院
12代利義《としのり》◆	嘉永２年～安政２年	1849～1855	７年	備後守	諦岳院
13代利行《としみち》◆	安政２年	1855	５月		懿香院
14代利鬯《としか》◆	安政２年～明治２年	1855～1869	15年	飛騨守	法徳院

※『大聖寺藩史』「前田家系譜」「御系譜」などにより作成。◆は加賀藩からの養子を示す。

義《のり》は嘉永五年（一八五二）九月に金沢で大砲を鋳造し、領内の塩屋・橋立・浜佐美御台場に配置するなど軍制改革を実施した。一三代利行《としみち》は死去後に襲封が許可されたので、実際には一日も君臨することはなかった。一四代利鬯《としか》は文久二年（一八六二）に藩士から藩政に関する意見を求めるなど藩政改革（文久改革）を行ったものの、明治維新の混乱の中で消滅した。ともあれ、藩主は一四人中の五人が加賀藩からの養子であり、何事につけても本藩にたよる気風が強く、重大事項については必ず本藩の意向を受けて決定した。

藩の職制には御用所や御算用場をはじめ、町役所・御郡所・寺社所・吟味所・作事所・割場などがあった。御用所は藩政一般を司る役所で、家老と御用人から組織された。家老には藩祖利治の入部時に玉井《たまのい》・織田・神谷・才・山崎氏など七人がおり、五代利道の治世からは佐《さ》分《ぶり》・生駒・山崎・一色・野口・前田氏などが世襲した。御用人は藩士の中から優れた者が選ばれ、藩政全般について進言した。御算用場は藩の出納や禄米の管理などを司る役所で、御算用場奉行と勘定頭が管轄し、元締役が輔佐した。金銀小払役・御貸物奉行・三十人講奉行・銭手形奉行・松奉行・大入土蔵奉行・表土蔵奉行・御収納奉行・給知蔵奉行・塩蔵奉行・籾蔵奉行などもこれに附属した。

藩士の階層には家老・人持・諸頭・平士・徒士などがあった。家老は武士の中で最高位にあり、数十人の給人を抱える者もいた。人持は家老に次ぐ位置にあり、多くの家来を抱えていた。組頭・物頭・番頭など諸役所の奉行は諸頭に含まれた。藩士の大部分は平士で、定番馬廻組・馬廻組・小姓組・組外組など数組に分けられ、それぞれ組頭を置いて統制された。徒士は侍と足軽の中間で、員数は極めて少なかった。

本書では『加賀藩史料』『大聖寺藩史』『加賀市史料』および「在地史料」を駆使し、『大聖寺藩秘史』の続編として大聖寺藩のあまり知られていない歴史を論考する。具体的には第一章「改作法と十村制度」、第二章「新田開発と村高」、第三章「大聖寺新田藩と采女事件」、第四章「政治抗争と神谷守応の退藩」、第五章「百姓一揆と未遂事件」、第六章「藩財政と参勤交代」、第七章「北前船と大聖寺藩」、第八章「手伝普請と大聖寺藩」、第九章「災害・飢饉と大聖寺藩」などについて考察する。

二〇一四年三月

著　者

目次

図表一覧

第一章　改作法と十村制度

一　改作法の実施

加賀藩主三代前田利常は寛永一三年（一六三六）頃から危機にあった農村、とくに同一八年・同一九年の全国的凶作により荒廃した農民の窮乏、給人《きゆうにん》（家臣）の困窮という事態を解決しなければならなかった。五代前田綱紀（当時三歳）の後見役となっていた三代利常は、その根本的な解決策として慶安四年（一六五一）から明暦二年（一六五六）まで加越能三ヵ国において改作法《かいさくほう》（改作仕法）という農政大改革（財政改革）を行った。改作法は給人の知行地直接支配の禁止、手上高《てあげだか》（加増）による草高《くさだか》（収穫高）の決定、田地割《でんちわり》（地割）の制度化、定免法《じようめんほう》の制定および夫銀《ぶぎん》（人夫代銀）・口米《くちまい》（付加税・手数料）の決定、税率を明記した「村御印《むらごいん》」の下付、農民に対する貸米や貸銀の制度化、十村《とむら》（大庄屋）の制度化などを要点としている[1]。

万治三年（一六六〇）に能美郡瀬領村の十村文兵衛が改作奉行に提出した「御尋ニ付申上候」には、大聖寺藩の改作法について次のようにある[2]。

御尋ニ付申上候

私儀越中砺波郡埴生村清左衛門嫡子ニ御座候処、承応元年正月八日小松江御召、御改作初ニ

付御領国之内所々為見分度々被遣、諸事御用被為仰付相勤小松ニ罷在申候
一、明暦元年正月廿日金子五両・絹貳疋・御城米十貳石六斗被為下候
一、明暦元年之春御公領御境筋支配之十村大杁村四郎左衛門役儀御取揚ニ付、同二月廿八日右四郎左衛門裁許之所私十村役被為仰付候、同日猟師鉄砲ニ取持可仕旨被為仰出、玉目三匁五分筒長三尺之鉄砲貳挺御拝領被為仰付候、且又御椽廻御材木被為下家作仕候様ニ被為仰出候ニ付、同年四月二日瀬領村江引越家作仕居住罷在申候
一、明暦二年之春ヨリ江沼郡組付六人之十村共御用方相談取次之儀被為仰付、右御郡百姓中御改作御法之儀得与合点仕候様可申談旨被為仰出候ニ付、御郡中村々相廻百姓・頭振末々迄夫々申渡、人々得心之趣為惣代肝煎・組合頭共御請紙面取指上申候、大聖持表江茂月々罷越相詰諸事御用相勤申候、同年十二月十日金子五両被為下御代官米千貳百石被為仰付候

（中略）

中納言様御在世之内被為下候品々、并上申品々両様之趣書上可申旨被仰渡候ニ付、右一々書記上申通相違無御座候、以上

万治三年子六月八日　　瀬領村文兵衛

武部四郎兵衛様
千秋彦兵衛様

能美郡瀬領村の十村文兵衛は越中国砺波郡埴生《はにゅう》村清左衛門の嫡子であったが、承応元年（一六五二）正月八日に利常から小松に呼び出され、加賀藩の改作法において初期御用を務めた。十村文兵衛は明暦元年（一六五五）の春に能美郡大杉村の十村四郎左衛門が十村を罷免されたのち、その跡を継ぎ同年二月二八日に越前御境筋の一一ヵ村（能美郡最小の十村組）を支配する十村となった。同年四月二日には拝領した材木で瀬領村に家を建て移住したものの、寛文一一年（一六七一）二月二日に自宅が類焼したため、翌年、波佐谷村に引っ越した。注目したいことは、十村文兵衛が明暦二年の春から月々大聖寺藩領に出向き、大聖寺藩の組付《くみつけ》十村《とむら》六人の「御用方相談取次」を務めて改作法を推進したことである。すなわち、十村文兵衛は役目を受け大聖寺藩領の村々を廻り、改作法の心得を各村の頭振《あたまふり》（水呑百姓）を含む百姓らに諭して、惣代肝煎・組頭から納得した旨の請書を提出させ、その褒美として同年一二月一〇日に利常から金子五両を得たほか、十村代官として代官米一二〇〇石を扱う蔵入地支配を任された。

前田利常画像（那谷寺蔵、小松市那谷町）

このように、大聖寺藩では、加賀藩の改作法が仕上げ段階（同年八月朔日に村御印を交付）に入ろうとする明暦二年春に至って改作法実施の動きがあった。この結果、大聖寺藩でも加賀藩の改作法に倣って、村御印が交付されたかは定かでない。なぜ利常は大聖寺藩の改作法を加賀藩の十村文兵衛に指導させようとしたのか。大聖寺藩の農民は改作法の実施に理解を示したものの、給人はその実施に消極的であり、なかなか理解を示さなかったため、十村の中で利常の信任が厚い瀬領村の十村文兵衛を大聖寺藩領（江沼郡一三三ヵ村と越中新川郡七ヵ村）に送り込み、改作法を指導させたものだろう。つまり、利常は、組付十村六人では給人の知行地直接支配を禁止できないと考え、加賀藩の十村文兵衛を「御用方相談取次」に任命したものだろう。ともあれ、利常は藩祖利治の了解を得て、加賀藩の改作法の一環として大聖寺藩でも実施しようとした。

十村文兵衛が寛文二年（一六六二）八月から同年一二月まで大聖寺藩における改作法の整備状況を本藩の改作奉行に報告した六通の「御注進之写」によれば、十村文兵衛は①江沼郡山方二〇ヵ村における作柄が良好で農民中の心得もよかったこと、②改作法の趣旨に農民中が理解を示したものの給人方はいまだ「御改作」に同心していないこと、③これまで給人が非分を働いたため配下の農民がやむを得ず走百姓となったこと、④年二回の皆済期限を今年から年内皆済の一回に改定すること（以上八月八日分）、⑤月々歩入《ぶいり》（年貢の分納）の点検および田刈り跡の麦蒔き見分けについて了承したこと（九月二三日分）、⑥江沼郡の十村六人と相談したうえで今年の歩入期限を一一月二〇日と決め、毎月二度「歩入目録」を上申させて年貢分納を励行したこと、⑦年貢収納蔵がまだ出来ていない蔵入地《くらいりち》（領主の直轄地）の村々では年貢納入が行われていないこと、⑧給人・町人が古い未進年貢や貸付銀の返済を村方に迫っていること（九月二九日分）、⑨給人米買取値段が一石に付き三八匁で、一〇月二〇日に若杉屋喜左衛門が銀子七〇貫目をもって買い取ったこと（一一月一五日分）、⑩代官・給人・給人下代などの設置により入用・手間の節約となって皆済が早くできたこと、⑪年季御貸銀の返納について難渋する農民がいること（一二月六日分）、⑫敷借《しきかり》（御貸物《おかしもの》）利足米・小物成銀や一〇〇石に付き七匁の緝出銀《しゅうしゅつぎん》などを農民中から取立てたこと（一二月二二日分）などを報告している[3]。

　右のように、十村文兵衛は明暦二年の春から月々大聖寺藩邸に出向き、大聖寺藩の組付十村六人の「御用方相談取次」を務めて改作法を推進したものの、給人の理解を得られず、中断しなければならなかった。その理由は、給人が給人知増免を保証されないことに強い異議を唱えたためであり、解決するには、村免と給人免を同時に増免する必要があった。

　このほか、「寛文二年寅ノ年御知行割之高」には、同二年（一六六二）に大聖寺藩の給人が二一五人（ほか七人与力）おり、知行高（給人知）が草高四万七一三八石七斗（免平均三ツ三歩）、江戸聞番衆高が一五石、御郡預高が一〇〇石、増免高が三〇石であったとある。この給人知四万七一三八石余は、正保三年（一六四六）の草高が七万一四三六石余であったので、その約六六％を占めていた。ちなみに、知行高は寛永一六年（一六三九）が四万五〇八四石余（給人一〇六人）、同一九年が六万六六〇石余（同一九六人）、正保三年（一六四六）が五万八八七〇石（同二〇七人）、承応元年（一六五二）が六万一二一三石（同二二三人）、延宝二年（一六七四）が四万四四六一石（同二一九人）、天明二年（一七八二）頃が三万五四三四石（同二七二人）、天保一五年（一八四四）が二万九九九七石（同二七八人）であった。また、「江沼郡村々高免之覚」には、改作法を実施した寛文二年に村数が一四八ヵ村あり、本草高が七万四四六四石、古開高が二八五一石、新開高が四一六六石、惣石高が八万四八一石であったとある。(4)

ところで、加賀藩の江戸詰の年寄三人から国元の年寄三人と用人四人に宛てた年代不詳（寛文三年か）の連署状には、大聖寺藩における改作法について次のようにある。(5)

去月廿二日御紙面到来令拝見候

一、大正持御領改作被仰付、百姓共忝がり御収納滞無之候得共、此以前御借物、かじけ百姓程多借り罷在候之故、成立不申候条、如当御領之御借物御用捨、上免被仰付可然旨、御郡裁許四人之者共書付、則入御披見申候

一、御領分最前上免被仰付、当御家中江者増免被下候得共、飛驒守殿御勝手茂難続、格別之儀に候条、御家頼へ増免不被下候而茂不苦間敷儀に候、各被存通、是又相立御耳申候

一、去年従加賀守様大正持御領江御取替被成候米銀、当年被取立候得ば、上免茂不罷成由立御耳申候

右御紙面之通、委細加賀守様江申上候所、何茂尤に被思召候、併飛騨守殿御思案被聞召届、其上に而可被仰出旨に而、則生駒源五兵衛并御用人松原頼母・猪俣助左衛門召寄申渡、飛騨守殿江三人之者共伺申候所、大正持御領分加賀守様加御意、百姓も成立、別て忝被思召候、殊更上免永代之儀に候得者、如何様共可然様仰付被下候様にと、御請被仰上候、然共四人書付之ごとく、此跡に御借物御赦免、并去年加賀守様より御借被成候米銀取立被指延、上免之儀見積候而可相極旨、加賀守様御意候、此通可被仰渡候、為其以継飛脚申入候、以上

九月五日

奥村因幡
（外二人略）

前田対馬様
（外六人略）人々御中

大聖寺藩では寛文三年（一六六三）九月五日に郡方裁許人が加賀藩に三ヵ条の伺いを提出し、本藩が審議したうえで五代綱紀の許可を得、さらに大聖寺藩主二代利明の了解を得て改作法が完了した。すなわち、加賀藩の江戸詰年寄《としより》三人は、大聖寺藩の郡方裁許人からの三ヵ条の報告を審議し、その結果を大聖寺藩家老の生駒源五兵衛と御用人の松原頼母・猪俣助左衛門を呼び二代利明（在府）に確認したうえで、在府の五代綱紀の「御意《ぎょい》」（お考え）として国元の年寄三人と用人四人に伝達した。一条は加賀藩と同様に農民の借物を用捨したうえで免《めん》（免相《めんあい》）を上げること、二条は加賀藩では家中の

俸禄について増免したが、大聖寺藩でも増免をしなければ改作法が実施できないこと、三条は加賀藩への返済米・返済銀を延期しないと改作法を実現できないことを記している。二条については、大聖寺藩では財政難を理由に給人の「高免」を認め、一村平均免による俸禄制が実施されていなかったことを示すものである。つまり、改作法実施に抵抗する大聖寺藩の給人を納得させるには、村免と給人免を同時に増免する必要があった。ともあれ、二代利明は五代綱紀の「御意」を受け、加賀藩からの「御貸物」（敷借物）の免除、五代綱紀からの御借米・御借銀の返済延期を得て改作法を実施した。

二　十村《とむら》の設置

加賀藩では改作法の施行中に十村の地方官僚化を図り、有能な十村を改作法の推進役として他国・他郡に移動させた。これを引越十村と称した。また、承応二年（一六五三）には御扶持人《ごふちにん》十村《とむら》を、明暦二年（一六五六）には加越能三ヵ国の十村頭《とむらがしら》（新川郡島尻村刑部《ぎょうぶ》＝伊藤家）を、寛文元年（一六六一）には無組《むくみ》御扶持人《ごふちにん》十村《とむら》を、同三年には十村分役《とむらぶんやく》の山廻役《やままわりやく》（百姓山廻）を任命し、十村の階級化・役務の分業化を図った。この間、元和二年（一六一六）に鍬役米制《くわやくまいせい》、寛永一二年（一六三五）に十村組の大組化、承応二年に十村代官の併設（万治元年まで侍代官も置く）などを実施して、十村を藩の農政機構に位置づけた。十村の世襲・門閥化は年々進み、文政二年（一八一九）の十村断獄や同四年の十村廃止などを経て、天保一〇年（一八三九）に復元されたときも、従来の十村家から登用し、新十村の採用は極めて少なかった。その後も、門伐中心の十村が幕末まで農村支配を継続した。(6)

すでに述べたように、大聖寺藩には改作法の動きがみられた明暦二年（一六五六）から寛文二年（一六六二）まで、島村五郎右衛門・七日市村五郎兵衛・山代村忠左衛門・片山津村七左衛門・大聖寺町の千福屋三郎兵衛・山中村次右衛門の組付十村六人が置かれていた。十村は寛永一六年（一六三九）以前の加賀藩治世に遡って設置されていたものの、その名前は定かではない。

十村には村組を担当した組付十村（定員四〜六人）と、組をもたず組付十村を監督した目付十村《めつけとむら》（手振十村《てぶりとむら》、定員二人）との二種があった。目付十村は寛文二年の改作法の実施後に、瀬領村文兵衛が務めた「御用方相談取次」を継承する形で設置されたようだ。また、十村には、頭十村《かしらとむら》（目付十村）・十村見習・十村加人・十村格・十村代番・十村手代などの名称もあった。十村格は献金・藩益を尽くした者に与えられた名誉職で、実務に就くことはなかった。十村組は、明暦二年から寛文二年まで千福屋三郎兵衛組・七日市村五郎兵衛組・片山津村七左衛門組・山代村忠左衛門組・島村五郎右衛門組・山中村次右衛門組の六組があった。その後、それは一向一揆の遺制を継ぐ行政区画（村組）八組、すなわち西ノ庄一六ヵ村、北浜一九ヵ村、山中谷一七ヵ村、潟回二一ヵ村、能美境一九ヵ村、那谷谷二二ヵ村、四十九院谷一九ヵ村、奥山方二一ヵ村を基本としたものの、時代によって区々であ

第１表　大聖寺藩の十村名

年　代	種類	十　村　名
明暦２年 (1656)	目付	な　し
	組付	五郎右衛門（島）、五郎兵衛（七日市）、忠左衛門（山代）、七左衛門（片山津）、三郎兵衛（大聖寺）、次右衛門（山中）
寛文２年 (1662)	目付	な　し
	組付	五郎右衛門（島）、五郎兵衛（七日市）、忠左衛門（山代）、七左衛門（片山津）、三郎兵衛（大聖寺）、次右衛門（山中）
寛文10年 (1670)	目付	五郎右衛門（島）
	組付	六兵衛（中島）、重蔵（山中）、武兵衛（山中）、平兵衛（庄）、庄次郎（不詳）
元禄11年 (1698)	目付	半兵衛（別所）、半右衛門（不詳）
	組付	長右衛門（荒谷）、八郎右衛門（月津）、宗左衛門（保賀）、彦右衛門（不詳）、小四郎（小塩辻）
宝永元年 (1704)	目付	安右衛門（山代）、新四郎（右）
	組付	伊右衛門（山中）、八郎右衛門（月津）、宗左衛門（保賀）、五兵衛（大聖寺）、文兵衛（小塩辻）
正徳２年 (1712)	目付	文兵衛（小塩辻）、新四郎（右）
	組付	五郎右衛門（島）、次郎兵衛（片山津）、宗左衛門（保賀）、清兵衛（山中）、五兵衛（大聖寺）、半助（分校）
享保元年 (1716)	目付	文兵衛（小塩辻）、半兵衛（不詳）
	組付	五郎右衛門（島）、次郎兵衛（片山津）、宗左衛門（保賀）、清兵衛（山中）、喜兵衛（大聖寺）、半助（分校）
享保18年 (1733)	目付	五郎右衛門（島）、長太夫（片野）
	組付	半四郎（片山津）、文兵衛（小塩辻）、伝兵衛（不詳）、与四郎（吉崎）、久五郎（不詳）、半助（分校）
安永６年 (1777)	目付	源兵衛（山中）、半次郎（不詳）
	組付	間兵衛（日末）、平兵衛（山代新）、宗左衛門（保賀）、小四郎（小塩辻）
天明４年 (1784)	目付	源兵衛（山中）、半助（分校）
	組付	間兵衛（日末）、平兵衛（山代新）、宗左衛門（保賀）、小四郎（小塩辻）
享和２年 (1802)	目付	宗左衛門（保賀）、文右衛門（山中）
	組付	間兵衛（日末）、平兵衛（山代新）、庄太郎（小塩辻）、新四郎（右）、半助（分校）、長右衛門（荒谷）
文化14年 (1817)	目付	宗左衛門（保賀）、間兵衛（日末）
	組付	平兵衛（山代新）、小四郎（小塩辻）、新四郎（右）、平四郎（動橋）、半助（分校）
文政13年 (1830)	目付	半助（分校）、平四郎（動橋）
	組付	小四郎（小塩辻）、新四郎（右）、平兵衛（山代新）、間兵衛（日末）
安政６年 (1859)	目付	小四郎（小塩辻）、平四郎（動橋）
	組付	平右衛門（山代新）、源太郎（小塩辻）、善助（小菅波）、重作（動橋）

※『加賀市史料五』『大聖寺藩史』『山中町史』「在地史料」などにより作成。三郎兵衛（大聖寺）、五兵衛（大聖寺）は町人で、前者は千福屋、後者は平野屋と称した。上記のほか、目付十村には延宝３年（1675）に次郎右衛門（不詳）、享保12年（1727）に柳屋喜兵衛（山中）、明和５年（1768）に源兵衛（山中）と半次郎（不詳）、宝暦11年（1761）と安永９年（1780）に源兵衛（山中）、天保９年（1838）に平兵衛（山代新）が任役された。

第2表　大聖寺藩の十村組（寛文2年）

組　名	村　名　と　草　高
千福屋三郎兵衛組	永井681石、瀬越三ヵ村598石、熊坂1849石、細坪449石、山田町170石、大聖寺町205石、荻生355石、右1630石、橘55石、奥谷711石、三ッ366石、上木451石、下福田1300石、極楽寺352石、上福田929石、岡91石、高尾712石、小塩277石、菅生371石、百々209石、曽宇665石、直下894石＝24ヵ村1万3321石
七日市村五郎兵衛組	大菅波903石、小菅波632石、作見1037石、山田807石、尾中124石、小塩辻325石、塩浜695石、八日市272石、中嶋1254石、大分校799石、小分校809石、箱宮862石、梶井476石、松山239石、山本701石、栄谷385石、宇谷771石、瀧ケ原848石、清水228石、桑原862石、津波倉219石、二子塚465石、西島1010石、七日市640石、庄1301石＝25ヵ村1万6347石
片山津村七左衛門組	冨塚村918石、弓波1819石、動橋1676石、毛谷・川尻1104石、片山津1324石、潮津1169石、柴山1126石、新保785石、篠原466石、野田509石、宮地522石、千崎・大畠625石、田尻598石、橋立331石、深田346石、黒崎・片野950石＝19ヵ村1万3547石
山代村忠左衛門組	横北616石、二ッ屋252石、下川崎348石、中代1523石、加茂1687石、森317石、上野463石、小坂614石、別所309石、中津原285石、塔尾544石、瀧337石、菅生谷102石、荒谷395石、須谷171石、保賀583石、南郷1159石、敷地826石、勅使611石、柏野501石、尾俣337石、河原355石、四十九院477石、水田丸635石、葛谷295石、上川崎1223石、山代2696石＝27ヵ村1万7803石
島村五郎右衛門組	下粟津1216石、林630石、戸津429石、湯上177石、荒屋375石、馬場441石、那谷1284石、菩提454石、二ツ梨577石、高塚568石、矢田617石、矢田新197石、月津1122石、打越850石、串1072石、串新村357石、串茶屋54石、額見994石、島540石、佐見923石、松崎100石、村松12石、日末410石、猿ケ馬場152石、簑輪19石＝25ヵ村1万3370石
山中村次右衛門組	黒瀬1421石、火ノ谷688石、荒木116石、川南457石、中田158石、長谷田552石、上原438石、塚谷293石、山中548石、下谷137石、菅谷500石、栢野165石、風谷92石、大内48石、我谷117石、枯淵76石、片谷70石、坂下140石、小杉92石、生水115石、九谷253石、真砂30石、一ノ谷26石、西住19石、杉水79石、上新保12石、大土96石、今立356石＝28ヵ村7094石
合　計	148か村＝8万1481石（本草高7万4464石、開高2851石、新開高4166石）

※寛文2年（1662）の「江沼郡村々高免之覚」（「太田家文書」小松市波佐谷町）により作成。同覚には無高村々として伊切村・天日村・吸坂村・塩屋村・吉崎村など14ヵ村、矢田野新開九ヶ村として西泉村・豊野村・稲手村・宮田村など9ヵ村、西島村垣内として星戸村を記す。

り、二〜三組を担当する十村もいた。その村数は二〇ヵ村ほどであり、加賀藩の四〇〜五〇ヵ村に比べて半数以下であった。その名称は江戸前期に組才許の十村名（小四郎組・間兵衛組・宗左衛門組・平兵衛組など）や村名（片山津組・山代組・山中組・島村組など）で示したが、江戸後期からは十村名が固定的な組名となった。

次に、大聖寺藩の十村を代々努めた右村の堀野新四郎、島村の和田五郎右衛門、保賀村の荒森宗左衛門、小塩辻村の鹿野小四郎について略記したい。

堀野新四郎の先祖の能似《よくに》弥四郎高成は、新田義貞の家臣である小山田《おやまだ》太郎高家の三男で江沼郡熊坂村に居住していた。その末裔の弥四郎景高は文明期（一四六九〜八六）に朝倉敏景により滅ぼされたものの、その幼児高千代は乳母とともに江沼郡右村に逃れ、成人後は新四郎と称して堀野家を再興したという。八代新四郎は藩祖利治の治世に地頭（武士）から「御直百姓《ごじきびやくしよう》」に転じ、西ノ庄（右庄）の農民を召集して国境警備の任に当たった。一一代新四郎は正徳一揆に際し、農民への対応がよく、御切米五石が加増された。これ以降、堀野家は御切米一五石を受け、代々十村を務めた(7)。

和田五郎右衛門の先祖は和田主水という浪人で、天正一〇年（一五八二）の柳ヶ瀬役（近江国）に参戦し、加賀藩主二代利長から能美郡粟津村に土地を与えられて農民となった。その子孫は粟津村から同郡島村に移って五郎右衛門と名乗り、代々十村を務めた。分校村半助は藩祖利治の大聖寺入封のとき、島村五郎右衛門の推薦で加賀藩から分校村に移って十村となった。そのため、半助は「御打入の十村」と呼ばれた。半助家も和田姓を名乗り、代々十村を務めた。[8]

荒森宗左衛門の先祖は不明であるが、初代宗左衛門は天正二年（一五七四）に保賀村で死去したという。その後、宗左衛門（代不詳）は元禄一〇年（一六九七）に片山津村の十村次郎兵衛が「年内収納取立方不才許ニ付、役儀取上申渡」となったため、その役を継ぎ初めて組付十村となった。宗左衛門は正徳一揆のとき、組下の農民から打壊しを受けそうになったものの、未遂に終わり難を逃れた。宗左衛門家は初め森姓、のち荒森姓を名乗り、屋号を荒屋と称して、明治まで一三代に亘って十村を務めたという。[9]

鹿野小四郎の先祖は蓮如上人の北国布教頃から越前吉崎に居住し、坊士《ぼうし》として和田本覚寺（堂司《どうす》）の院務を輔けていたという。鹿野姓は蓮如院の地を鹿之山といい、北潟湖中に浮かぶ島を鹿嶋と称したことに因んだものという。初代小四郎は天和元年（一六八一）に渡海船の船乗りから加賀吉崎の村《むら》肝煎《きもいり》に選ばれ、元禄四年（一六九一）に目付十村となり、同六年（一六九三）に地の利がよい小塩辻村に引越した。すなわち、小四郎は小塩辻村市川五兵衛の跡屋敷および下人、田畑・山林などを代銀一貫匁で購入して移り住んだ。これを引越十村と称した。市川五兵衛（旧今川家の家臣）は加賀藩治世に十村を務めていたとき、橋立の村肝煎と謀り年貢を横領し、切腹して相果て遺族が所払いとなったという。鹿野家からは貴重な農書『農事遺書《のうじいしょ》』（五巻）を著した初代小四郎のほか、江戸後期の殖産興業に尽力した八代小四郎・九代小四郎・一一代源太郎・一二代虎作などの有能な十村が次々とでた。とくに、九代小四郎はその事績が顕著であり、天保一四年（一八四三）に苗字御免となり、嘉永六年（一八五三）に三人扶持、安政七年（一八六〇）に頭十村兼新田裁許となった。彼は藩領内全域に亘り堤《つつみ》や溜井《ためい》（溜池）などを設けて水利を図り、山地を開墾して畑地とし、砂丘地に黒松苗を植栽して砂防林とし、那谷山林（約二里）に杉苗を植栽した。また、彼は畑地に茶・桑を植えて製茶・養蚕を盛んにし、養魚を奨め、副産業の奨励を行った[10]。

右のほか、動橋村の橋本重右衛門、分校村の和田半助、大聖寺町の平野屋五兵衛、山代村の河原屋安右衛門、山代新村の木崎平兵衛、山中村の塚谷源兵衛・堀口伊右衛門・柳屋喜兵衛なども代々十村を務めた家柄であった。このように、大聖寺藩では農民以外の町人・北前船主な

『農事遺書』（個人蔵）

ども十村に任役された。なお、十村格には江戸後期に山中村の二代能登屋源兵衛が、宝暦九年（一七五九）に橋立村の初代梶谷与兵衛が、同一一年（一七六一）に同村の初代角谷与市が、安永二年（一七七三）に同村の二代梶谷与兵衛が、文政一二年（一八二九）に同村の五代久保彦兵衛が、天保八年（一八三七）に同村の一一代西出孫左衛門が、弘化二年（一八四五）に同村の初代増田又右衛門と動橋村の橋本重右衛門が、安政六年（一八五九）に山中村の俵屋重兵衛・柿屋文右衛門・治郎右衛門・重蔵・源兵衛などが任命された。(11)

三　十村の業務

十村の身分は百姓で低かったものの、その業務は重く収納方・田地方（改作方）などを司った。十村は農事に優れた才能を有し、組内の村々を廻って人々の督励に当たり、業務に忠誠を尽くすため誓詞を御郡所に提出した。彼らは改作法の施行中に、目付十村や十村代官の制度化によって郷村共同体の中核から藩の末端官僚となった。ともあれ、彼らは郡奉行（人支配）と改作奉行（高支配）の監督のもとに、村肝煎・組合頭などの助力を得て業務を執行した。

十村の業務は、勧農、租税の徴収、組内の治安維持、農民の生活指導など行政事務全般に亘っており、

第３表　大聖寺藩の十村手代

年　　代	十　村　手　代　名
享保12年（1727）	伊兵衛（納）、次兵衛（納）、四郎兵衛（納）、長右衛門（納）
元文５年（1740）	久右衛門（本）
宝暦11年（1761）	富屋茂右衛門（本）、沖屋甚右衛門（本）
文化９年（1812）	越中屋庄左衛門（納）、越中屋茂兵衛（納）
安政２年（1855）	久次郎（本）、七左衛門（本）
安政４年（1857）	久次郎（本）、七左衛門（本）
安政６年（1859）	久次郎（納）、與右衛門（納）、彦右衛門（納）、六左衛門（納）
文久３年（1863）	六左衛門（本）
元治元年（1864）	久右衛門（本）

※『山中町史』『加賀市史料五』『秘要雑集』「麦屋久次郎家文書」などにより作成。本は本手代、納は納手代を示す。宝暦11年の富屋・仲屋は保賀村宗左衛門の内手代である。

司法業務・徴税業務に比べて一般業務が圧倒的に多かった。一般業務では改作業務（改作奉行支配）に比べ、民政業務（郡奉行支配）が多かった。このことは、大聖寺藩の改作方すなわち改作奉行の権限が郡奉行に比べて弱かったことを示すものである。

十村業務は、主に十村居宅で業務を補佐する本手代（内手代）、御郡所で十村詰番の代役をする番代、十村代官とともに収納米を取り扱う納手代《おさめてだい》（代官手代）などの十村手代によって行われた。本手代は十村の自宅（御用所・御役所と呼ぶ）で使役する者であり、十村一人に二〜三人が充てられた。番代は元禄期（一六八八〜一七〇三）から御郡所に月一〇日ほど詰め、主に組々から届けられる書類の取次や各組への指令伝達に当たった十村詰番の代役であり、江戸末期には本手代が多く兼帯した。彼らは十村同様に御郡所に誓紙（誓詞）を提出した。組付十村の保賀村宗左衛門は、宝暦一一年（一七六一）に本手代として富屋茂右衛門と仲屋甚右衛門の町人二人を雇っていた。

大聖寺城下の麦屋久次郎は、江戸末期に本手代を務めて大豆・小豆・蕎麦・木綿・麻・渋柿・牡蛎・杪炭・紙・飼葉《かいば》などの調達、人足の召集、馬の売却、封保銀の保管、飛脚の準備、不審者の調査、道場坊主の調査、吉崎蓮如忌の監視、乞食札の調整、宗門帳の整理などを行った。また、麦屋久次郎は嘉永三年（一八五〇）に納手代を務め、九代鹿野小四郎・庄次郎組二七ヵ村分の鍬役米三三石四斗二升と日末村間兵衛組一六ヵ村分の同二五石八斗八升を徴収した[12]。

次に、十村の役料・苗字帯刀・御目見など待遇についてみよう。組付十村には、役料として鍬役米または単に鍬米《くわまい》と称する役料が支給された。この鍬役米は一五歳～六〇歳までの男子から米二升を徴収するものであり、加賀藩治世の十村創設期に遡って実施されていたものである。これは男子がいない家からも徴収したが、村肝煎・懸作百姓からは徴収しなかった。宝暦七年（一七五七）の調査では、領内の戸数が四一三四戸、人数が二万一二六〇人、鍬数が八七五一挺、鍬役米が高一七七石八斗二合五勺であった[13]。明和四年（一七六七）には鍬米高一七七石七斗二合四勺九才を組付十村六人分に割り、一人分を藩（御郡除物方）に上納し、その残り分を五人で受けた。また、文化元年（一八〇四）には鍬米高一七七石七斗二合四勺九才を十村七人分に割り（組付十村五人）、二人分を藩に上納し、その残りを五人で受けた[14]。

右の鍬役米は月割をもって支給されたものの、九月・一〇月・一一月・一二月の四ヵ月は御用繁であったため、一ヵ月を二ヵ月扱いの年一六ヵ月（閏年は年一七ヵ月）として支給された。月半ばの任役については日割支給となった[15]。目付十村は鍬役米や代官口米《だいかんくちまい》（代官の手数料）のほか、享保元年（一七一六）頃には御算用場から年に御切米《おきりまい》（俸禄）一〇石が支給されていた[16]。ちなみに、組付十村の本手代（組手代）は元禄五年（一六九二）に組打銀《くみうちぎん》（組単位の徴収銀）の中から日用銀《ひようぎん》として年に役銀八〇匁が、江戸後期には役米二〇俵（一〇石）が支給されていた。組打銀は組内の村々から高割《たかわり》三分の二、戸数割三分の一の割合で徴収された。なお、江戸後期には番代の役米が二〇俵、本手代の役米が二〇俵、納手代の役米が五俵であったという[17]。

大聖寺藩でも改作法の施行中に十村代官が置かれていたが、その関係史料は極めて少ない。元禄一一年（一六九八）には目付十村が三二〇〇石ほど、組付十村が二五〇〇石ほどの収納米（切免・上知を除く）を扱い、代官口米一二九石二斗余と鍬役米一四八石八斗の合計二七八石五斗を組付五人に分け、一人が五五石六斗余を受けた[18]。明和四年（一七六七）には代官口米を十村八人分に割り、一人分を藩に上納し、その残り分を七人で受けた。また、文化元年（一八〇四）には代官口米を十村七人分に割り、二人分を藩に上納し、その残り分を五人で受けた。なお、文化元年の代官口米は、御収納米百分一（百分一米）が五一石五斗余、年内銀成百分一（百分一銀）が二八七匁一分、翌年越銀成百分一（百分一銀）が四七九匁八分余であった[19]。

代官口米は年内に三分の一、翌年春に三分の一を支給されていたが、享保一一年（一七二六）か

第４表　大聖寺藩の十村業務

種類	業　務　内　容
一般業務	養子縁組、家督相続、遺産相続、土地売買、相互扶助、人命救助、災害救助、宗門改め、改宗寺替、同心托鉢、道路修理、橋梁修理、渡船修理、堤防工事、倉庫修理、農業監督、漁業監督、林業監督、鉱業監督、農事調査、戸籍調査、表彰請渡、郡内巡視、交通航海、領境交渉、役人任用、書類送達、藩邸出勤
司法業務	風俗取締、新築取締、火災防止、捨得物取締、捨子取締、逃亡者取締、障害者取締、乞食取締、掃除坊主取締、動物取締、盗難取締、犯罪者捜索、入出獄管理、流刑者取締、没収物処分
徴税業務	台帳調整、隠田見分、田地増減、税額決定、給人蔵宿取締、春秋夫銀徴収、定小物成銀徴収、郡打銀徴収、宿方課役徴収、関税徴収、藩債募集、製塩管理

※『加賀市史料五』『大聖寺藩史』『山中町史』などにより作成。

らは年内一括支給となった。[20] 同一八年（一七三三）の惣年貢皆済時には、組付十村の与四郎が銀二〇目、半助・文兵衛・伝兵衛・久五郎・半四郎らが銀一匁、目付十村の五郎右衛門・長兵衛が銀一〇匁を受けた。なお、同一二年（一七二七）の収納米蔵納時には、納手代三人が百疋（金一歩）、村肝煎五人および小百姓一人が鳥目《ちょうもく》一貫文を与えられたものの、滝村善四郎・坂下村長三郎は年貢未納を十村彦左衛門に糾弾され、御用所から御領追放（所払い）を命じられた。[21]

組付十村は小物成取立役《こものなりとりたてやく》（定小物成取立役《じょうこものなりとりたてやく》・散役才許《ちりやくさいきょ》）を兼役し、その役料として口米（百分一銀）が支給された。明和四年（一七六七）までは目付十村二人を除く六人分に割り、一人分を藩に上納し、その残り分を五人で受けた。[22] また、彼らは郡打銀主付《こおりうちぎんぬしづき》を兼役し、その役料として口米が支給された。郡打銀とは草高一〇〇石に一二匁の割合で各村に課された雑税であり、川修理・道修理・橋梁普請・蔵修理・船渡し・航路燈明など御郡方の費用に充てられた。このほか、十村は廻国上使《かいこくじょうし》巡見《じゅんけん》御用《ごよう》主付《ぬしづき》・用水《ようすい》開鑿《かいさく》主付《ぬしづき》などをはじめ、臨時的な諸事主付を兼帯し、それぞれ役料を得た。

大聖寺藩でも、加賀藩と同様に天保五年（一八三四）頃から日常の苗字帯刀を十村に許可したようだ。小塩辻村の十村であった九代鹿野小四郎は同六年（一八三五）に組付十村となり、同一四年（一八四三）に苗字御免となったという[23]。また、保賀村の組付十村であった荒森宗左衛門は江戸後期に帯刀が許可されたという。十村格となった北前船主のなかにも、苗字帯刀を許可される者がいた。橋立村の二代梶谷与兵衛は安永七年（一七七八）に帯刀を、同村の六代久保彦兵衛は天保九年（一八三八）に苗字を、同村の一一代西出孫左衛門は嘉永七年（一八五四）に苗字帯刀を、同村の初代増田又右衛門は安政元年（一八五四）に苗字帯刀を、瀬越村の初代大家七兵衛は元治元年（一八六四）に苗字を許可された[24]。十村格の苗字帯刀は藩への献金に対し与えられたもので、北前船主のなかには士分となる者もいた。

十村は寛文期（一六六一～七二）から御式台で行われた年頭御礼に参列したが、天明五年（一七八五）正月二日に御中式台で行われた年頭御礼では、奏者から町医・町年寄の先に呼ばれたという[25]。なお、島村の目付十村であった和田五郎右衛門は、寛文六年（一六六六）に二代利明の婚礼祝儀（江戸）に十村を代表して参列した[26]。

最後に十村分役をみておこう。加賀藩の十村分役には新田裁許《しんでんさいきょ》と山廻役があったが、大聖寺藩には山廻役が置かれなかった。加賀藩の新田裁許は元禄三年（一六九〇）に創設されたが、大聖寺藩のそれは大変遅く、江戸後期に至って置かれた。山代村の荒屋源右衛門は、天保年間（一八三〇～四四）に九代鹿野小四郎の推薦により初めて新田裁許になり、敷地村領の平床に溜池を築き、田地一〇町歩を開墾、塔尾村などの農民七人を移住させたという。これ以降、小菅波村の開田九平、動橋村の橋本平四郎、小塩辻村の鹿野小四郎、中島村の中谷宇兵衛など九人が新田裁許を務めた。

第５表　大聖寺藩の新田裁許

順番	村　名	新田裁許名
1	山　代	荒屋源右衛門
2	小菅波	開田九平
3	動　橋	橋本平四郎
4	小塩辻	鹿野小四郎
5	小菅波	開田九平次
6	小塩辻	鹿野源太郎
7	中　島	中谷宇兵衛
8	小塩辻	鹿野庄次郎
9	右	堀野栄太郎
10	小塩辻	鹿野虎作

※『宗山遺稿』（ホクト印刷）により作成。

江戸末期に右村の堀野栄太郎が新田裁許となったとき、動橋村の平岡重五郎（重作の長男）と小塩辻村の一二代鹿野虎作は新田裁許見習を、小菅波村の開田善助と庄村の桂田庄作は同勢子役を任命されたという。新田裁許は毎春に組付十村とともに村々を巡廻し、開作地や修繕箇所を見分することを常として、新田開発の督励、新開村の掌握、柴山潟端の浮草刈り、串川の掃除（河掘り）などを行った。

村肝煎・組合頭・百姓代は村方三役（地方三役）と呼ばれた。このほか、算者《さんじゃ》（算用者）・小走り・山番人などを置く村もあった。村肝煎は一村一人を原則として旧家から選ばれたものの、二～三人を有する村（大村・散村）もあった。彼らは頭振を除いた村人から入札（選挙）で選ばれ、一定の役料が支給された。村肝煎には見付肝煎（十村が人選）・兼帯《けんたい》肝煎・引越肝煎などがあり、その業務は租税収納、治安維持、村民扶助、他村との交渉など多岐にわたっていた。組合頭は村肝煎の補佐役であり、村の大小により二～五人ほど置かれ、村万雑《むらまんぞう》（村落の自治費用）から若干の役料が支給された。彼らは組中の売買・貸借・奉公など多くの請人となった。なお、組合頭は改作法の施行中に郷村支配機構（十村―村肝煎―組合頭）に組み込まれた。百姓代は臨時の連名者（農民の代表者）であり、役所への報告に形式的に名前を連ねた程度であった。大聖寺藩では十人組制度が五人組制度（隣保組織）の変容となっていた可能性が強く、各村に十人頭《じゅうにんがしら》が置かれていた。下福田村では江戸末期に村肝煎が役米六石五斗、組合頭が役料八〇匁、山番人が役米二石、算者が役料三〇〇匁、小走りが役米一石、十人頭が役料一〇匁をそれぞれ支給されていた。(27) なお、十人組制度は、加賀藩の金沢城下や所ノ口町《ところのくちまち》（七尾町）など町方でも実施されていた。

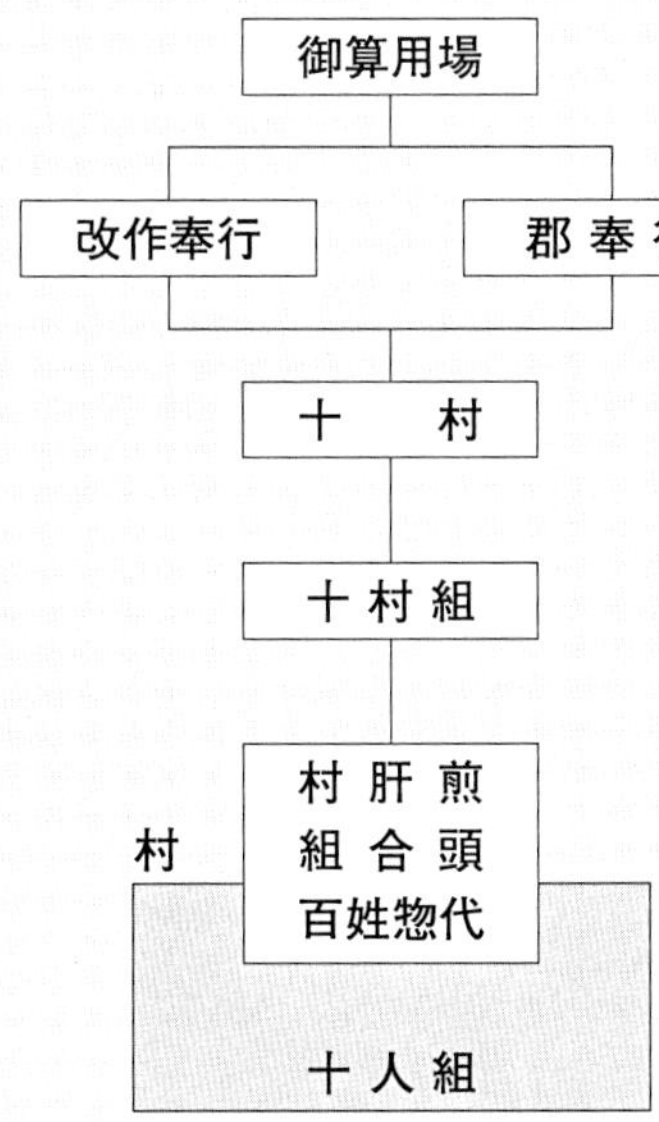

第１図　大聖寺藩の農政機構

註

（1）加賀藩における改作法の施行年代は、加賀国石川・同加賀・越中国砺波・同射水・同新川の五郡が慶安四年（一六五一）、加賀国能美・能登国鳳至・同珠洲の三郡が承応元年（一六五二）、能登国羽咋・同能登の二郡が同二年（一六五三）、能登郡の旧長氏領が寛文一一年（一六七一）であった。なお、新川郡中の旧富山藩領一〇八ヵ村では万治元年（一六五八）九月から、同郡中の旧大聖寺藩領七ヵ村では同三年九月から施行した。一方、その終了年代は、鳳至・珠洲の二郡が承応二年（一六五三）、石川・加賀・砺波・射水・羽咋・能登の六郡が明暦元年（一六五五）、能美郡が同二年（一六五六）、新川郡が同三年（一六五七）であった（『加賀藩史料・第参編』清文堂、三六〇頁）。改作法の内容は多岐にわたるが、その主なものを左に示す。

① 俸禄制度　給人の知行地直接支配の禁止。
② 土地制度　手上高による草高（収穫高）の決定。田地割（田地割替）の制度化。
③ 租税制度　一村平均免による定免法の制定。夫銀（労役代銀）と口米（付加税）の決定。村御印の交付。
④ 救民制度　農民に対する貸米や貸銀の制度化。
⑤ 郷村制度　十村の制度化。改作奉行の設置。

三代利常は、改作法の目的を窮乏化した給人（家臣）と農民の救済だと考えていたため、給人に貸銀して生活を立て直させるとともに、藩が農民に米や入用銀を貸与して債務を肩代りし、給人と農民間の直接交渉を遮断した。また、農民が脇から米や銀を借りることを禁止し、その代りに春貸秋納を原則とする作食米《さくじきまい》、その他の助成制度を確立した。このとき、米に換算して一一万四九二石余の敷借米《しきがしまい》と給人未進高を免除した。敷借米は寛永一二年（一六三五）以来の藩に対する村の負債であり、皆無の村もあった。定免制は寛永一六年の富山・大聖寺支藩の創設に伴う給人知変動を経て、同一八年頃には全領域に亘って確立していたようだ。明暦二年には給人知の平均免が、越中・能登知四ツ一歩、加州三ツ六歩と定まった。このとき、平均免の手上げは加州知が三歩、越中・能登知が着米免も含め四歩五厘であった。

藩の年貢米は、改作法による手上高・手上免の実績によって公領・給人知を含み二〇％ほど増加した。藩は改作法の実施に当たって、従来から藩農政の末端を担った十村肝煎の一部有力者に扶持や鑓・馬を与え、御扶持人十村として改作法の実務に当てた。同時に、領内の有能な十村を能登国奥郡・口郡や新川・能美郡に多く引越させた。改作法施行後の農村は「藁の出目もない」といわれるほど租税が高くなり、農民は改作法によっ給人の搾取から解放されたものの強大な領主の権力によって収奪されるようになった。なお、藩は改作法実施のために銀六九五貫目余、米七万三〇〇〇石を消費したという（『富山県史・通史編Ⅲ』富山県、二四三〜三一一頁）。

（2）「太田家文書」（小松市波佐谷町）

（3）「右同」

（4）「右同」。能美郡瀬領村の十村文兵衛は、寛文二年（一六六二）九月二六日に定納口米や歩入米（九月晦日までに二〇石、一〇月一五日までに二〇石、一〇月晦日までに三〇石、一一月一五日までに二〇石、一一月晦日までに一〇石）を大聖寺藩の十村に命じている（『加賀市史料一』加賀市立図書館、一一一頁）。

（5）『加賀藩御定書・後編』（金沢文化協会）四一三頁

（6）加賀藩の十村は慶長九年（一六九四）に能登国奥郡に初めて置かれ、その後加越両国にも設置された。ただ、慶長九年の十村創始は十村組の創始であり、十村とするのは十村組の頭肝煎のことで、村連合体一〇ヵ村組の世話役であったという説もある。十村は他藩の大庄屋・大名主などに相当する役職で、近郷一〇ヵ村ほどを支配し十村肝煎または十村と呼ばれた。ほかに、十村頭・十村組頭・十村組肝煎・十村組頭肝煎・十村之肝煎などとも称した。十村は改作法の施行中に、その精農機能を最大限に活用され、改作奉行の手先として駆使された。すなわち、彼らは御扶持人十村の任命、引越十村の派遣、十村代官の制度化などを通して、郷村の共同体的結合の中核たることをやめて藩の末端官僚となった。十村は無組扶持人十村・御扶持人十村・平十村の三種に分けられ、また三種には本役の退老者「列」と本役の見習役「並」があった。寛政九年（一七九七）の十村役列は、①無組御扶持人、②無組御扶持人列、③組持御扶持人、④無組御扶持人並、⑤組持御扶持人列、⑥組持御扶持人並、⑦平十村、⑧平十村列、⑨平十村並の九階層で、天保一〇年（一八三九）のそれは、①無組御扶持人、②無組御扶持人並、③無組御扶持人列、④組持御扶持人、⑤組持御扶持人並、⑥組持御扶持人列、⑦平十村、⑧平十村並、⑨平十村列の九階層であった。十村組は当初、一組が十数ヵ村であったが、寛永一二年（一六三五）には大組化がすすめられ、四〇～五〇ヵ村ほどの組となった。享保一六年（一七三一）には七八組（加賀国二六組・越中国三〇組・能登国二二組）、寛政九年には七九組（加賀国二六組・越中国三一組・能登国二二組）、天保一〇年（一八三九）には八六組（加賀国二一組・越中国四二組・能登国二四組）と改編された。ちなみに、享保一六年には最少組が七ヵ村、最大組が八七ヵ村であった。なお、富山藩では万治二年（一六五九）に十村制度を創設し、延宝二年（一六七四）には十村六人と長百姓一六人が置かれていた。

十村は十村代官をはじめ、定散小物成取立役・春秋夫銀取立主付・御郡打銀主付などを兼帯した。十村代官は改作奉行の下に直属し、改作奉行―十村代官という系列で租米・春秋《しゅんじゅう》夫銀《ぶぎん》を徴収した。改作奉行は改作法の施行中に臨時に設置されたのち、寛文二年（一六六二）からは山本清三郎ら農政のベテラン四人が常設された。その後、同年末に一人増加、元禄期には一〇人となって以後連綿した。十村代官は文政四年の十村制度廃止に伴い、侍代官が再び置かれたため、天保一〇年まで廃止された。定散小物成銀取立役は一般的に御扶持人十村が兼帯し、定散小物成銀・関税・礼銀・運上銀などを徴収した。これは寛文一〇年（一六七〇）から定小物成銀を徴収する定小物成銀取立と、散小物成銀を徴収する散役才許に分離された。定小物成は御印税とも称し、寛文一〇年から村御印に税名・税額が記載されたもの、散小物成は散役《ちりやく》・浮役《うきやく》とも称し臨時に創業・廃業するものに課せられたものである。散小物成は定小物成が定まったのちに追加されたため、定小物成の税名と同一のものが多かった。御郡打銀主付も御扶持人十村が兼帯し、川修理・道修理・橋梁普請・蔵修理・船渡し・航路燈明などの費用に当てられた御郡銀を徴収した。このほか、十村は浦口銭取立方主付・検地打役・諸郡御用頭取・廻国上使巡見御用主付などをはじめ、臨時的な諸事主付を兼帯した。

無組御扶持人十村は鍬役米が支給されなかったので、御扶持人十村に比べて扶持高が多額であった。十村は鍬役米（鍬米）と称し、元和二年（一六一六）から組中の一五～六〇歳までの男子より米二升を徴収した。十村代官は、万治二年（一六五九）から代官口米（役料）として一石に二升を徴収したが、無組御扶持人十村は二五〇〇石（代官帳五冊分）、御扶持人十村は二〇〇〇石（代官帳四冊分）、平人十村は一五〇〇石（代官帳三冊分）の租米を扱った。定散小物成銀取立役・郡打銀主付は、それぞれ取立銀の五〇分の一（のち一〇〇分の一）を給与された（小田吉之丈『加賀藩農政史考』国書刊行会、九一～一〇一頁および前掲『富山県史・史料編Ⅲ』二七〇頁）。

(7)『石川縣江沼郡誌』（石川縣江沼郡役所）五一二～五一四頁

(8)『秘要雑集』（石川県図書館協会）二八頁

(9) 荒森兄弟『津軽海峡』（自費出版）一六～二二頁

(10) 拙編『宗山遺稿』（ホクト印刷）一六～二四頁

(11) 前掲『加賀市史料三』一頁、一一五頁、『同書四』五〇頁、一九一頁および『山中町史』（山中町史編纂委員会）一一三～一一四頁。このほか、寛文一一年（一六七一）に山中村次郎右衛門が、延宝七年（一六七九）に月津村彦四郎が、天和元年（一六八一）に山中村清兵衛が、元禄八年（一六九五）に彦左衛門（不詳）が、同一三年（一七〇〇）頃に山代村伊兵門と庄村太郎右衛門が、寛延二年（一七四九）に喜右衛門（不詳）が、宝暦七年（一七五七）に伝兵衛（不詳）が、明和三年（一七六六）に山中村源兵衛と同半次郎が、寛政一〇年（一七九八）に荒谷村長右衛門が、文化五年（一八〇八）に山代新村平兵衛が、同一三年（一八一六）に宇兵衛（不詳）が、弘化二年（一八四五）に動橋村の橋本重助が、嘉永元年（一八四八）に平助（不詳）が、同七年（一八五四）に瀬越村彦次郎と小塩辻村庄次郎が、安政六年（一八五九）に山代新村の木崎平右衛門と中島村の中谷宇兵衛が目付十村や組付十村を務めていた（前掲『山中町史』七三二頁、前掲『石川縣江沼郡誌』六八六～六八七頁）。

(12)「麦屋久次郎家文書」加賀市教育委員会蔵。寛政六年（一七九四）の「御郡之覚抜書」によれば、麦屋久兵衛は大聖寺町領に高八石六斗五升余を所持していた（前掲『加賀市史料一』六三頁）。加賀藩では、十村居宅で十村業務を補佐する者を内手代（宅手代）、十村詰所で番代を補佐する者を場付手代、十村代官を補佐する者を納手代と称し、彼らは郡内の御扶持人十村が願い出て、郡奉行と改作奉行の吟味を得て任命された（前掲『加賀藩農政史考』八九～九〇頁）。

(13) 前掲『加賀市史料二』一一九頁

(14) 前掲『加賀市史料五』一六七～一六八頁

(15) 『右同』一六八頁

(16) 『右同』三五七頁

(17) 前掲『宗山遺稿』一五頁。本手代（組手代）・番代・納手代の役料は、江戸末期に大幅に減額されて総額で給米二一俵となったため、藩から別途給米が支給されたという（前掲『同書』一五頁）。

(18) 前掲『加賀市史料五』三五六頁

(19) 『右同』一六七～一七二頁

(20) 前掲『加賀市史料五』三五九頁。天保年間（一八三〇～四四）には組付十村が四人となり、十村一人の代官口米が一〇〇石（二〇〇俵）となったため、これを五〇石（一〇〇俵）に減じたというが、確かなことは分からない（前掲『宗山遺稿』一五頁）。なお、文化一四年（一八一七）には、六万二二二三石余の年貢高（御蔵米・御給知米）を組付十村四人で徴収しており、その内訳は山代新村の木崎平兵衛が三万一一一二石余、小塩辻村の鹿野小四郎が七〇六五石余、右村の堀野新四郎が八八九〇石余、分校村の和田半助が七九五一石余、動橋村の橋本平四郎が七二〇四石余であった。文政一三年（一八三〇）には、惣高八万八五三石余（郡方家数四一五九戸）の年貢高を組付十村四人で徴収しており、その割合は右村の堀野新四郎が二万四五五石余（一〇一一戸）、小塩辻村の鹿野小四郎が二万七〇八石余（一一三六戸）、日末村間兵衛が一万九八八六石余（八三六戸）、山代新村の木崎平兵衛が一万九八〇四石余（一一七六戸）であった（拙編『大聖寺藩の武家文書５』北陸印刷、九二～一〇七頁）。

(21) 『右同』七五頁、六二頁、三四八頁

(22) 『右同』一七二頁

(23) 前掲『宗山遺稿』

(24) 前掲『加賀市史料三』一一五頁、前掲『加賀市史料四』四九～五〇頁、一九一頁

(25) 前掲『加賀市史料五』三六三頁
(26) 前掲『加賀市史料六』五八頁
(27) 前掲『加賀市史料二』一九一頁

第二章　新田開発と村高

一　新田開発と村高

大聖寺藩最古の郷帳である正保三年（一六四六）の『郷村高辻帳』（『加賀国江沼郡高物成帳』）には、本高六万四五四九石七斗七升と新田高五六一七石七升の合計七万一六六石八斗四升を、同年の『越中国新川郡高物成帳』には、大聖寺藩領として入膳村（一八四七石四斗）、上野村（一〇〇二石一斗七升）、青木村（六六四石二斗七升）、八幡村（二五六石七斗三升）、道市村（二二三石七斗八升）、目川村（二二八石二斗一升）、君島村（一〇〇石三斗三升）の七ヵ村分四三二二石八斗九升を記している。[1]その後、寛文四年（一六六四）の『目録』（徳川綱吉の領地朱印状）、貞享元年（一六八四）の『郷村高辻帳』、元禄一四年（一七〇一）の『大聖寺領高辻帳』、享保六年（一七二一）の「覚」には本高七万三三石七斗三升と新田高一万一八六六石七斗五升の合計八万一九〇〇石四斗八升を、延享三年（一七四六）の『郷村高辻帳』には本高七万三三石七斗三升と新田高一万一八六六石七斗五升、および矢田野新田一八七一石五斗五升三合の合計八万三七七二石三升三合を、天保一五年（一八四四）の『加賀江沼志稿』には本高七万五三五三石三斗三升二合と新田高一万二六六石六斗五升七合の合計八万五六一九石九斗八升九合を記しており、大聖寺藩では、総高が正保三年の七万一六六石八斗四升から天保一五年の八万一一二八石八斗四升に一万九六二石余増加した[2]。

正保三年の『郷村高辻帳』と天保一五年の『加賀江沼志稿』には、かなりの出村・新村が記載されている。寛政六年（一七九四）の『御郡之覚抜書』には、大坂茶屋（右出村）、中浜村（上木出村）、天日村（小菅波出村）、二天村（中田出村）、吸坂村（南郷出村）、山岸村・犬沢村（下福田出村）、平床村（敷地出村）、中野村・長峰村・勧進場村（山代出村）、串茶屋・猿ヶ馬場村（串出村）、松崎村（日末村）、蓑輪村（嶋出村）などの出村・新村を明記しており、正保三年から天保一五年までの間には新田開発に伴う村々が多く誕生した[3]。

すでに述べたように、大聖寺藩には、行政区画の十村組として西ノ庄一六ヵ村、北浜一六ヵ村、潟回一八ヵ村、能美境一七ヵ村、那谷谷二一ヵ村、四十九院谷一七ヵ村、山中谷一七ヵ村、奥山方二一ヵ村など八組があった。新田開発は江戸前期に潟回・北浜・山中谷などの村々で多くみられたが、とくに潟回の村々で著しく、耕地の約二割が新田高であった。江戸後期には海岸・河川下流の開発が顕著であり、とくに西ノ庄の新田率が高かった。これに対し、能美境・那谷谷・四十九院谷・奥山方などの村々は新田開発が少なく、とくに那谷谷の村々が少なかった。

江戸前期の新田は藩営新田が中心で、郡奉行―十村の系列で多く実施された。その例としては、市ノ瀬用水（加賀藩治世）や矢田野用水の施行に伴う山代新田や矢田野新田などが知られた。新田開発は中期以降やや停滞傾向にあったものの、後期に改作主付十村《かいさくぬしづきとむら》に任命された九代鹿野小四郎が天保の

第1表　大聖寺藩の村高

組名	村名	正保3年		天保15年		組名	村名	正保3年		天保15年	
		本高	本新高	本高	本新高			本高	本新高	本高	本新高
西ノ庄	山田町領			157	166	山中谷	長谷田	483		502	555
	大聖寺町領	445		159	226		上原	291		418	465
	細坪	444		445	450		土谷	122			
	熊坂	1762		1696	1855		塚谷	296		254	276
	右	1347	1557	1478	1600		別所	243		309	355
	奥谷	696		696	712		山代	1451	2496	1454	2828
	橘	42		43	97		保賀	438	557	491	518
	永井	472	583	423	1065		黒瀬	1222		1034	1155
	吉崎	239		239	382	潟回	山田	650		624	648
	塩屋	75		75	147		尾中	81		100	104
	瀬越	75		75	123		片山津	1073	1225	1257	1722
	上木	428		304	449		川尻	884	1085	513	518
	三ッ	365		343	372		毛合			513	518
	荻生	356		364	474		中嶋	1114	1253	1249	1324
	下福田	858	1247	1288	1297		高塚	543		528	573
	上福田	944		881	901		矢田	450	747	614	
北浜	極楽寺	350		344	398		矢田新			181	197
	片野	54		290	407		月津	674	849	673	943
	黒崎	619	764	652	698		月津新			107	
	深田	292					額見	699	866	731	975
	橋立	312		373	382		新保	432	622	504	1201
	小塩	273		277	281		柴山	664	894	733	1203
	田尻	581		500	511		串			1053	1528
	大畠	192		170	197		猿ヶ馬場			152	
	千崎	296		366	403		日末			352	571
	塩浜	572		612	733		佐美			923	1104
	宮地	433		427	459		松崎			100	105
	野田	442		480	532		村松			12	17
	篠原	382	574	457	838	能美境	冨塚	639	831	912	925
	潮津	742	874	831	1045		八日市	268		272	
	小塩辻	451	653	409	701		動橋	1651		1566	1623
	高尾	531	626	594	707		打越	820		821	857
山中谷	菅生	620		367			下粟津	907		1016	
	南江	1127		1146	1155		林	441		461	507
	百々	204		209	210		戸津	425		263	
	曽宇	656		699	713		湯上	172		177	
	直下	519		520	525		荒屋	346		376	390
	日谷	672		714	726		二ッ梨	341	453	457	569
	荒木	113		116			箱宮	838		855	860
	川南	428		446	497		大分校	788		834	
	中田	146		149	158		小分校	802		824	825

組名	村名	正保３年		天保15年	
		本高	本新高	本高	本新高
能美境	松　山	223		115	170
	梶　井	439		422	430
	蓑　輪			15	
	馬　場			441	
	島			540	555
那谷谷	岡	135		95	96
	敷　地	739	843	703	747
	大菅波	729		701	733
	小菅波	592		562	570
	作　見	1217		1026	1039
	弓　波	1089		1089	
	西　島	467	947	760	801
	津波倉	128		129	
	二子塚	446		454	455
	森	299		156	
	河　原	335		265	287
	勅　使	607		596	599
	宇　谷	724		640	692
	滝ヶ原	847		748	
	菩　提	453		454	
	那　谷			1212	1262
	栄　谷	361		293	322
	山　本	67		73	78
	清　水	227		196	207
	桑　原	845		687	704
	庄	1257		1305	1327
	七日市	639		605	
四十九院谷	下河崎	335		229	302
	上河崎	1137		1071	1306
	中　代	1417		1523	1531
	加　茂	1153	1557	1613	1716
	星　戸			224	242
	上　野	350	482	611	685
	二ツ屋	232		225	258

組名	村名	正保３年		天保15年	
		本高	本新高	本高	本新高
四十九院谷	小　坂	603		500	534
	横　北	565		595	602
	水田丸	623		624	624
	柏　野	496		500	
	塔　尾	541		573	
	菅生谷	99		101	
	滝	321		357	
	中津原	284		285	
	四十九院	424		402	
	須　谷	146		152	153
	桂　谷	284		286	
	尾　俣	326		337	348
奥山方	山　中	459		603	610
	下　谷	113		104	112
	菅　谷	420		448	
	栢　野	164		135	
	風　谷	91		88	
	大　内	47		47	
	枯　淵	56		57	
	我　谷	84		115	117
	片　谷	56		70	
	坂　下	119		127	
	小　杉	66		64	
	生　水	71		97	
	九　谷	106		236	
	市　谷	16		21	
	西　住	11		10	
	杉　水	52		117	
	上新保	5		12	
	大　土	95		94	
	今　立	324		349	
	荒　谷	319		375	
	真　砂			30	

※『加賀市史料一』「加賀江沼志稿」などにより作成。本高・本新高は石以下を切り捨て。「加賀江沼志稿」には、ほかに矢田野2507石余を記す。

第２表　大聖寺藩の新田開発

年　　代	草　高	新田高	新田率
寛永16年（1639）	70033		
正保３年（1646）	74489	5617	0.8
寛文４年（1664）	81900	11866	14.4
貞享元年（1684）	81900	11866	14.4
享保８年（1721）	81900	11866	14.4
天保15年（1844）	85619	15586	18.2
明治２年（1869）	83772	13739	16.4

※『加賀市史料一』『大聖寺藩史』などにより作成。草高・新田高は石以下を切り捨て。新田率の単位は%。

飢饉で荒廃した領内の再開発を中心とする新田開発を推進したため、天保期（一八三〇～四四）に再び活発化した。このことは、正保三年（一六四六）の新田率が八・一%で、天保一五年（一八四四）が一一・三%であったことからも明らかである。江戸後期の新田も藩営新田が中心で、改作奉行―十村（新田裁許）の系列で実施された。こうした新田は一～三年目が無税、四年目から前三ヵ年の作柄を基準として本田並に課税された[4]。これを「鍬下年季制度」と称した。課税対象となった新田は「村御印」や御算用場の書付に「新開高」「新高」のほかに、古開高・新開組入高・新開畠高・新畑開・新開畑山高・畑新高・川田新高・小浜新高・茅場新高・高尻新高・松高・松山高・松山新高・新開松山高・屋敷高・新屋敷高・裏屋敷高・手上ヶ増高などの名称で書き加えられた。

矢田野新田は藩営新田の中で最も有名なものであり、二代利明の治世に家老の神谷内膳守政よって開発された。内膳守政は延宝六年（一六七八）一一月に現地の矢田野に行き、新開地の縄張りや江筋《えすじ》（水路）の見立に直接立ち会い、翌七年八月には矢田野用水の完成を経て矢田野新田二一〇町歩のう

第３表　大聖寺藩の村組別新田率

組　名	正保３年			天保15年		
	本　高	本新高	新田率	本　高	本新高	新田率
西ノ庄	8554	9226	7.7	8670	10325	16.0
北　浜	6528	7296	10.5	7141	8652	17.5
山中谷	9037	10201	11.4	8834	10626	16.9
潟　回	7268	8819	17.6	8332	10653	21.8
能美境	9016	9410	4.2	9374	9723	3.6
那谷谷	12214	12798	4.6	11543	11845	2.6
四十九院谷	9346	9882	5.4	10212	10830	5.7
奥山方	2682	2682	0.0	3205	3223	0.5
合　計	64649	70356	8.1	67314	75879	11.3

※『加賀市史料一』「加賀江沼志稿」などにより作成。本高・本新高は石以下を切り捨て。新田率の単位は％。能美郡の村々および那谷村を除く。

ち三三町歩を開田した。矢田野一万石とは十村の島村長三郎（能美郡）が見立て内膳守政に上申したもので、それも「凡一万石者急度可有之」とあって、確かな一万石ではなかった。矢田野新田の入植者は庄・長谷田両村をはじめ、二ッ梨・島・蓑輪・下粟津・馬場・矢田・中島・動橋・箱宮村などの農民（多くは二、三男）と、加賀藩領の井口・日用・小山田・白山田村などの出作り農民であった。彼らは、新田の中心部に宮田《みやた》・稲手《いなて》・豊野《とよの》・原田・小島《こじま》・袖野《そでの》・大野・中・西泉村の「御畠九ヶ村」（矢田野九ヵ村）を形成した。御畠九ヶ村は享保一五年（一七三〇）以降、「矢田野新田村」または「矢田野」と通称された。この村高は江戸後期に西泉村が三四七石六斗七合、大野村が二七六石二斗四升一合、豊野村が二五六石六升、原田村が一〇一石六斗五升、中村が二二四石八斗七升、小島村が一九三石二斗八升六合、袖野村が二一九石四斗七升九合、稲

第４表　大聖寺藩の主要堰（用水）

川名	堰名	用水利用村と草高
大聖寺	市ノ瀬（別所）	別所16石、河南160石、保賀460石、山代1600石、中代700石、加茂600石、西嶋400石、星戸40石、上野160石、七日市340石、弓波350石、二子塚320石、森110石、津波倉96石、庄1063石、桑原345石、動橋730石、毛谷川尻435石、八日市280石、中嶋50石、勅使406石、河原223石、清水166石＝9050石
	御水戸（河南）	黒瀬750石、上河崎５石、下河崎10石、南郷500石、菅生255石、山田町35石＝1555石
	鹿ヶ鼻（保賀）	保賀60石、小菅波280石、大菅波350石、上河崎870石、下河崎270石、敷地400石、岡40石、上福田740石、下福田940石、荻生83石、中代670石、加茂610石、弓波470石、作見500石＝6283石
	紙屋谷（風谷）	塚谷300石、上原450石、長谷田550石、中田、栢野、菅谷、下谷＝不詳
三谷	千ノ輪（曽宇）	曽宇70石、山田町75石、細坪100石、熊坂125石＝370石
動橋	赤岩（荒谷）	滝350石、中津原210石、菅生谷60石＝620石
	開発（須谷）	須谷30石、水田丸350石、上野200石＝580石
	堀割（須谷）	横北615石、水田丸150石、小坂50石、二ツ屋＝不詳
	矢田野（横北）	矢田野70石、勅使、那谷、分校、箱宮、二ツ梨、宇谷、栄谷、下粟津、嶋、串、打越、高塚＝不詳
	勅使（勅使）	勅使600石、河原230石、清水166石＝996石
	桑原（桑原）	桑原、動橋、毛谷川尻＝不詳
	中嶋（桑原）	中嶋1230石、動橋200石、打越200石、高塚100石＝1730石
宇谷	加波毛（宇谷）	松山180石、分校353石、梶井431石＝964石
弓波	葭門水門（弓波）	弓波40石、冨塚80石、片山津160石＝280石

※「加賀江沼志稿」により作成。

手村が一三二石八斗九升、宮田村が七九石一斗三升で、九ヵ村合計が一八三一石二斗一升三合であった。矢田野九ヵ村のうち、宮田村は文化年間（一八〇四～一七）に、大野村は文政四年（一八二一）に、小島村は同九年（一八二六）に、稲手村は弘化期（一八四四～四七）にそれぞれ廃村となった。さらに、嘉永六年（一八五三）には大旱魃《だいかんばつ》によって、矢田野新田の田地四万歩が畑地になってしまった(5)。

藩は天保期（一八三〇～四三）に九代鹿野小四郎の願書を聞き入れ、御算用場の入口に「改作場」一局を新築して奉行二人を置くとともに、小四郎に改作主付十村を任命して領内の新田開発を奨励した。まず、小四郎は金沢商人・宮田屋吉郎右衛門の協力を得たうえで、越中国の黒鍬者《くろくわもの》（土木作業者）を雇い、小塩辻村の人

矢田野用水取入口（加賀市横北町）

夫を合わせて敷地村領の平床に溜井《ためい》（溜池）を築き、田畑一〇町歩余を開墾し、塔尾村忠右衛門など農民七人に各一頭の牛を与えて移住させた。小四郎は平床新田を藩に献上して、新田才許の山代村荒屋源右衛門に管理経営させた。その後、平床新田は新田裁許の小菅波村開田九平や動橋村橋本平四郎の管理経営を経たのち、藩の補助金を得て小堂（村社）を創建して新田村となった。小四郎は藩からの補助銀を村々に貸与し、領内の村々に溜井や江渠《こうきょ》（水路）を築き、田畑二万石余を開発（再開発を含む）したという。(6)

田地の灌漑法《かんがいほう》には河川に堰《せき》を設けて引水するものと、築堤《ちくてい》して溜った水を灌漑に用いるものがあった。堤は一般的に河川からの引水が困難な地域で利用されたが、大聖寺藩では急流な河川で引水が不可能な山方と河川の少ない浜方で多く利用された。一方、河川に堰を設けて灌漑するものは、大聖寺川・動橋川の流域に数多くみられ、熊坂川・三谷川（菅生川）・奥谷川・田尻川・宇谷川・那谷川・尾俣川・弓波川・林川などの流域にも少々みられた。ただ、大聖寺川・動橋川の流域以外の堰（用水）は水量が少なく、多くは二〜三ヵ村の田畑を潤す程度のものであった。前掲『加賀江沼志稿』によれば、天保期には領内に用水が一三、堤が三四〇ほどあった。用水では寛文五年（一六六五）に完成した市ノ瀬用水（約七キロ）、延宝七年（一六七九）に完成した矢田野用水（約一一キロ）、江戸中期に完成した鹿ヶ端《ししがはな》用水（約八キロ）、同期に完成した御水戸《おすいど》用水（約三キロ）、明治元年（一八六八）に完成した紙屋谷《かみやだに》用水（約一四キロ）などが、堤では分校大堤（七〇八〇歩）、島大堤（四三八七歩）、二ッ梨殿様堤（三

第５表　大聖寺藩の主要堤

村　名	堤　　　　　名
高　尾	新堤600歩
宮	金九両堤700歩
千崎・大畠	久保山堤700歩、浅黄堤600歩
小塩辻	鞍ケ池3000歩、水溜1500歩、亀河堤900歩、堅田堤600歩
潮　津	琵琶ケ池8000歩、心径堤600歩
野　田	塔ケ池4300歩、同下堤800歩、上野堤900歩
宮　地	新入堤1980歩、新堤1740歩、石上堤650歩
塩　浜	水溜1800歩、賀津季堤700歩、治屋不山堤600歩
柴　山	下堤700歩
佐　美	大堤2500歩
敷　地	荒屋谷堤850歩、馬渡堤660歩
大菅波	長谷堤600歩
作　見	大堤1470歩、中堤750歩
冨　塚	東大堤2500歩
分　校	大堤7800歩、横山堤1500歩
松　山	孫谷堤780歩
宇　谷	大谷堤816歩
那　谷	菅生谷堤1050歩
串	瀬上ミ堤1683歩、同所堤1480歩、堀出堤1720歩 往還端堤1050歩、小沢堤1050歩
嶋	大堤4387歩、西ノ沢堤1173歩
下粟津	頭無堤1500歩
二ッ梨	殿様堤4387歩、蒲西ノ沢堤1173歩
戸　津	守宮堤1520歩、大谷堤920歩、生水ケ谷堤800歩
林	大堤2000歩
細　坪	白鳥谷堤950歩、濁堤800歩、笹尾谷堤650歩
右	鎌ケ谷堤960歩
三　ッ	木南天大堤613歩
荻　生	大堤670歩
別　所	大堤1000歩
中　田	大谷上堤960歩、大谷下堤850歩
長谷田	若宮堤1250歩、下谷堤650歩
上　原	丑谷堤600歩
上　野	池ノ谷新堤840歩、椎木堤720歩

※「加賀江沼志稿」により作成。広さ600歩以上のものを記載。

七五七歩）、佐美大堤（二五〇〇歩）、富塚東大堤（二五〇〇歩）、林大堤（二〇〇〇歩）などが、池では片野の大池（広さ不詳）、野田の琵琶ヶ池（八〇〇〇歩）、塩浜の塔ヶ池（四三〇〇歩）、小塩辻の鞍ヶ池（三二〇〇歩）などが知られていた。[7]

大聖寺藩領は大河川や平野が少なく、丘陵地が大部分を占めていたため、それに適した堤・池による灌漑が多かった。領内の村々では日照りの時期に水不足となり、しばしば水争い（水論）が発生した。用水や堤を利用する村々では、川除人足や堤人足を出して川普請や堤普請と呼ぶ補修工事を行った。川除人足は動橋川沿岸や大聖寺川下流の水請村々から草高一〇〇石に付き一〇人、また堤人足は堤の水を利用する山方や浜方の村々から草高一〇〇石に付き三〇人の

鞍ヶ池（加賀市小塩辻町）

割合で課された。これらの普請には村費で行う小規模な「自普請」と、藩費（郡打銀《こおりうちぎん》）で行う大規模な「御普請」とがあった。(8)

二　村御印の交付

大聖寺藩では明暦二年（一六五六）に加賀藩主三代利常が指導した改作法を一時的に中断し、寛文二年（一六六二）に新たに加賀藩主五代綱紀の意向を踏まえ、二代利明の了解を得て改作法を実施した。改作法の実施に伴い、手上高・手上免や新開高などを明記した「村御印」（年貢令達状）が御算用場から村々に交付された。(9)万治三年（一六六〇）八月に大聖寺藩領に編入された旧加賀藩領の能美郡六ヵ村には、加賀藩が交付した明暦二年（一六五六）の村御印が現存する。二代利明は万治三年八月に越中国新川郡七ヵ村（目川・上野・入膳・八幡・道市・青木・君島）と加賀国能美郡六ヵ村（馬場・島・串・日末・松崎・佐美）とを交換したが、能美郡六ヵ村は改作法施行当時まだ加賀藩領であり、明暦二年に村御印が交付された。その後、加賀藩では寛文一〇年（一六七〇）に新京枡を採用するに当たって明暦二年の村御印を全て回収し、新しい村御印を交付した。これを「村御印御調替」という。このため、加賀藩領には明暦二年の村御印が全く残存しないが、大聖寺藩領になった村々ではこの「御調替」を行わなかったので、明暦二年の村御印がその後も残った(10)。

寛保三年（一七四三）の「小物成出来・退転之事」には「一、村御印改ル事ハ、増地・減地等有之時相改、小物成銀者其時、前年ニ勘定帳ヲ見テ改書ス」とあり(11)、大聖寺藩の村御印は御算用場の印物であって、雨漏や火災などで損失や焼失した場合だけでなく、新田高や川欠高《かわかけ》・山欠高など高に増減があるとき、書き換えられて再交付された。このとき、小物成も前年の勘定帳を見て書き直された。この村御印には加賀藩のそれと同様に、本高・新田高および免・定納口米が明記され、夫銀と小物成が付記されていた。定納（本年貢）は高に免（四ツ二分などと記す）を乗じたもの、口米は定納一石に付き一斗一升二合と定められた付加税（手数料）のことである。定納口米は本高の約二分の一になり、これを年内米納、翌年銀納で上納した。米納分と銀納分の比率は村々によって異なっていたが、大部分の村では九割程度が米納分であった。銀納換算額については、享保一〇年（一七二五）の定書に「奥山ハ壱石ニ付三拾八匁、中山ハ四拾目、口山ハ四拾弐匁ニして可取立事」とあって、地域によって異なっていた。翌年銀納分（六月中）については、上納困難なときに一ヵ月の猶予が認められていた。夫銀は春秋二回の人夫代を銀納化したもので、その率は高一〇〇石に付き銀一四〇匁の割合であった。秋夫銀（一二月中）と春夫銀（三月中）を遅滞した場合、一ヵ月までは二割の利足を課し、それ以上はさらに一歩七朱を加算した。この点は加賀藩の方法とは異なっていた。なお、夫役は「夫《ぶ》銭《せん》」と称し、小物成とともにすでに加賀藩の治世から銀納化されていた(12)。

村御印が交付された村々は、本年貢の上納に際し米納所《なつしょ》のうち、給知米・寺社料・一作引免などを差し引いて残分を収納した。このとき、十村代官は収納米から百分一米（手数料の口米）を差し引き、残分を正米（御蔵米）として一二月二六日までに御収納奉行に渡した。年内銀納所（年内銀成）は一〇月二日から一二月中旬までに七、八回に分けて大入土蔵に収納して、同月二六日には本切手を受けた。また、翌年銀納所（夏成銀）は翌年五月中旬から八月上旬までに一〇回ほどに分けて大入土蔵に収納したが、この月別割合は五月が三分、六月が二分、七月が二分、八月が三分であった。十村代官は、

第６表　大聖寺藩の村御印

年　代	村　　名
正徳２年（1712）	高塚、打越、大分校、冨塚、尾中、百々、我谷、猿ヶ馬場
享保８年（1723）	小分校
享保10年（1725）	箱宮、下粟津、矢田新
寛延２年（1749）	今立
明和５年（1768）	真砂
明和６年（1769）	曽宇
明和９年（1772）	二ッ梨
安永３年（1774）	四丁町
安永５年（1776）	吉崎
安永10年（1781）	菅谷
天明４年（1784）	西住、荒谷
寛政元年（1789）	日谷
寛政２年（1790）	枯淵
寛政８年（1796）	串茶屋
文化５年（1808）	細坪
文化12年（1815）	直下
文政６年（1823）	中島、毛谷
文政７年（1824）	片野
天保２年（1831）	伊切、栄谷、中田、浜佐美、矢田野、林、那谷、馬場、菩提、滝ヶ原
天保３年（1832）	動橋、二子塚
天保５年（1834）	額見
天保６年（1835）	横北、月津、矢田
天保７年（1836）	永井
天保９年（1838）	山代、串
天保12年（1841）	小塩辻
天保14年（1843）	新保、柴山
嘉永６年（1853）	上木
安政３年（1856）	橋立
安政７年（1860）	荻生
年代不詳	柏野、大内

※『大聖寺藩の村御印』「在地史料」などにより作成。

年内銀納所および翌年銀納所においても百分一銀が支給された。秋夫銀は一〇月二日までに、春夫銀は翌年四月二日までに大入土蔵に上納された。なお、文政九年（一八二六）の年貢総額は定納口米が三万八一九〇石、年内銀納所が一〇〇貫目、翌年越銀納所が一六七貫目、小物成銀が二〇貫目、両度夫銀が二九貫目余であった。[13]

大聖寺藩の村御印は、年代不詳のものを含め正徳二年（一七一二）のものから安政七年（一八六〇）のものまで五六ヵ村分が確認されるが、現存するのは三六ヵ村分である。交付年代は、天保二年（一八三一）のものが一〇ヵ村ともっとも多く、これに正徳二年（一七一二）のものが七ヵ村、享保一〇年（一七二五）と天保六年（一八三五）のものが各三ヵ村、天明四年（一七八四）、文政六年（一八二三）、天保三年（一八三二）、同九年（一八三八）、年代不詳のものが各二ヵ村と続いている。なお、当時の村御印箱（御印箱）はほとんどみられず、別の木箱や紙箱を使用したものが多い。

まず、正徳二年（一七一二）の百々村御印を示す。[14]

江沼郡百々村

一、弐百九石　　本　高

免四ツ六歩

百六石九斗八合　　定納口米

百三拾四匁六分　　秋春夫銀定納

百石ニ百四拾目宛
一、壱石壱斗四升七合　新開高
免壱ツ弐歩
壱斗五升三合　定納口米
壱分九厘　秋春夫銀右同断
定納口米
合百七石六斗壱升壱合　京升
但定納壱石ニ付口米壱斗壱升弐合宛
内
百石八斗八升壱合　米納所
六石壱斗八升　翌年六月中ニ
銀子ニ而可納所
代銀弐百五拾九匁五分六厘　石四拾弐匁宛
小物成
一、壱匁四分　茶代役
一、弐拾五匁弐分　郡打銀

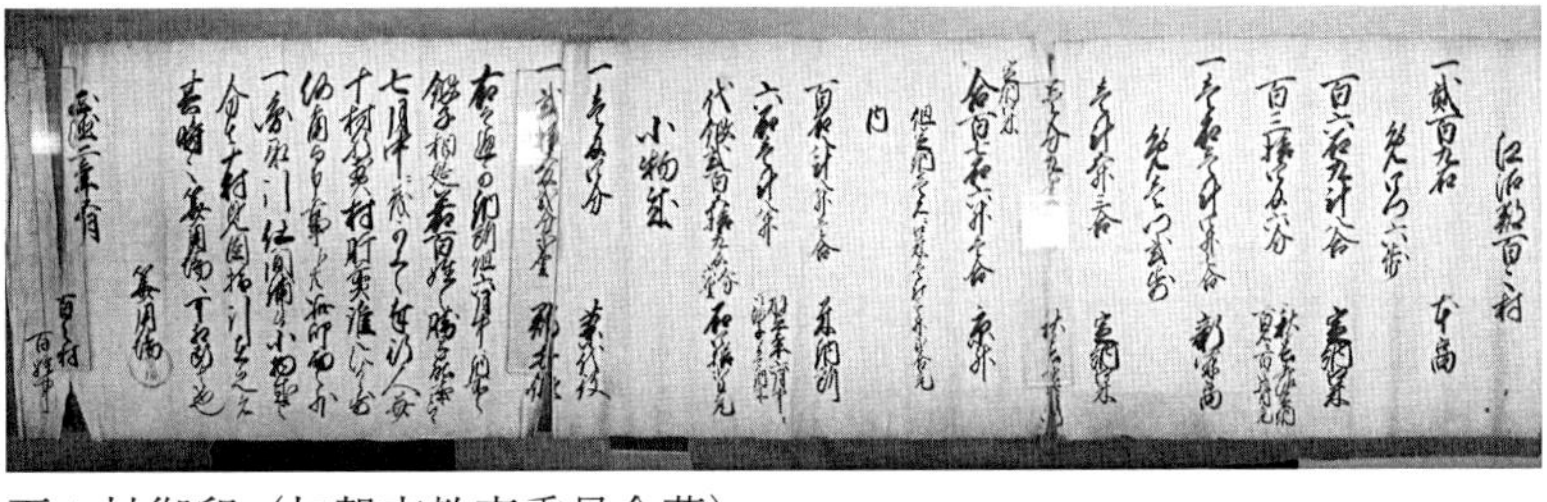

百々村御印（加賀市教育委員会蔵）

右之通可納所、但六月中ニ納所之銀子相延、若百姓之勝手能事候者、七月中ニ茂可上之、奉行人并十村肝煎村肝煎不依誰々何角与申事候共、此印面之外一圓承引仕間敷候、小物成之分十村見図指引在之者、其時々算用場江可相断者也

正徳二年五月

算用場（印）

百々村百姓中

百々村では本高二〇〇石、免四ツ六歩（四六％）で、これを本高に掛けたものに一・一二％（口米）を加えると、定納口米一〇六石九斗八合（京升）の上納となった。また、新開高は一石一斗四升七合（免一ツ二歩＝一二％）で、これを本高に掛けたものに一・一二％（口米）を加えると、定納口米一石五升三合（京升）の上納となった。これを米納分一〇〇石八升一合と、年内銀納分六一石八斗分を銀二五九匁五分六厘（一石に四二匁）として上納した。いま一つ、付加税として秋春夫銀と郡打銀が加算された。郡打銀は草高一〇〇石に銀一二匁宛とし、村肝煎を経て組付十村が徴収し、打銀奉行に渡した。これは往還道や在郷道橋の修理など郡入用に支出されたが、大普請のときは、勘定頭に相談して御納戸銀《おなんどぎん》が下付された。

天保一五年（一八四四）の『加賀江沼志稿』には、村御印数が一四〇ヵ村、総草高が八万四三六三石、一村平均免が四ツ五分、物成（上納高）が三万八二八三石であったと記している。村御印数は変動しなかったものの、総草高・一村平均免・物成はいずれも漸次増加した。草高では里方の村々が高

く、山方の村々が中位で、浜方や奥山方の村々は低かった。大聖寺藩では正保三年（一六四六）に草高が七万五六五四石、一村平均免が三ツ九分、物成が二万八四〇三石で、加賀藩では寛文一〇年（一六七〇）に草高郡別平均が一二万四六八五石余、一村平均免郡別平均が四ツ八分、物成郡別平均が五万九九六一石余であり、大聖寺藩の物成は加賀藩の郡別に比べてやや低かった。

最後に、大聖寺藩の小物成についてみよう。小物成は山野・河海の用益および製造・商売の収入に課せられた雑税で、定小物成と散小物成とに区別された。ただ、大聖寺藩では、加賀藩ほど定小物成と散小物成が明確に区別されていなかった。その増減（出来《しったい》・退転《たいてん》）は加賀藩と同様に、村御印の末尾に「小物成之分者、十村見図指引有之ハ、其時々算用場へ可相断者也」とあって、十村がそれを調べて御算用場に報告することになっていた。その銀納換算額は、江戸後期の定書に「年内、翌年共ニ石直段上中下有、上ハ四拾弐匁、中ハ四拾目、下ハ三拾八匁」とあって、収納米と同様に口山・中山・奥山三段階の地域差があった[15]。取立期限はその年の一二月であり、滞納すれば二ヵ月に一歩七朱の利足が課せられた。小物成取立役の十村は、小物成銀の百分の一を口米として給付された。なお、小物成銀は村肝煎らが高割・家割・人別割などの方法で村内の各家から徴収したのち、それを小物成取立役の十村に収納したものである。

前記『加賀江沼志稿』には、小物成総額一九貫七四九匁二分中の七貫八九三匁余八分一厘（約四〇％）を占めた山役（一〇七ヵ村、一ヵ村平均五八匁九分）をはじめ、湯役二七三九匁余（二一ヵ村）、船役

第７表　大聖寺藩の草高・免相構成（天保15年）

草　　高	村数	草　　高	村数
0～　49	7	1100～1199	5
50～　99	9	1200～1299	3
100～ 199	22	1300～1399	3
200～ 299	13	1400～1499	0
300～ 399	13	1500～1599	2
400～ 499	15	1600～1699	2
500～ 599	17	1700～1799	2
600～ 699	10	1800～1899	1
700～ 799	10	1900～1999	0
800～ 899	6	2000～2999	0
900～ 999	4	2000以上	1
1000～1099	4	合　　計	149

免　相	村数
0.1～0.9	0
1.0～1.9	4
2.0～2.9	10
3.0～3.9	38
4.0～4.9	71
5.0～5.9	26
6.0～6.9	0
合　　計	149

※「加賀江沼志稿」により作成。草高は石以下を切り捨て。出村・新村分を含む。

二六〇六匁余（一八ヵ村）、地子銀一二〇一匁余（一一ヵ村）、川役七四七匁余（九ヵ村）、茶屋役六九三匁余（五ヵ村）、野役四二〇匁余（三三ヵ村）、茶役四五六匁余（八二ヵ村）、炭役三〇九匁余（九ヵ村）、問屋役二五八匁（三ヵ村）、酒屋役二五八匁（三ヵ村）、引網役二三〇匁（三ヵ村）、伝馬役二二四匁余（三ヵ村）、紙役二二四匁余（五ヵ村）、潟役一六〇匁余（三ヵ村）、肴売役一五五匁余（一ヵ村）、葭役一〇〇匁（四ヵ村）、長峰役一〇〇匁（一ヵ村）、油臼役九〇匁（六ヵ村）、市役八六余（二ヵ村）など四二種の定小物成を記している。

三　年貢皆済状の交付

大聖寺藩では寛文二年（一六六二）の改作法の施行以降、村御印に基づき年貢徴収を行い、給知米の皆済後に「納年貢米之事」を、蔵入米の皆済後に「御収納米之事」を村々に発給した。つまり、給人知がなく、給知米を皆済しない村は「御収納米之事」のみが発給された。納年貢米之事は御郡所が作成したもので、年貢皆済後に給人が署名捺印、組付十村が奥書押印したのち、御郡所が裏書加印して村々に返付された。御収納米之事も御郡所が作成したもので、年貢皆済後に十村代官が署名捺印、別の十村が奥書押印したのち、御郡所が裏書加印して村々に返付された。納年貢米之事を給知米の皆済後に限って発給したことは加賀藩と異なっていた。御収納米之事は草高・免・定納口米・春秋夫銀のほかに新高・米納所・翌年越銀成などを記したこと、年貢皆済後に十村代官が署名捺印、別の十村が奥書押印したこと、本高・新開高などを「草高」と明記したことなど、納年貢米之事とは形式が異なった[16]。

まず、享保一九年（一七三四）の「納年貢米之事」（宮地村）と寛文一一年（一六七一）の「真砂村御年貢米之事」を示す[17]。

第８表　大聖寺藩の年貢皆済状

年　　代	御収納米之事	納年貢米之事
寛文11年（1671）	真砂	
天和元年（1681）	真砂	
天和２年（1682）	真砂	
元禄８年（1695）	真砂	
享保15年（1730）	山中	山中
享保19年（1734）		山中、宮地
元文２年（1737）		宮地
元文４年（1739）	宮地	宮地
延享元年（1744）		宮地（２）
寛延２年（1749）	宮地	
宝暦９年（1759）		宮地
明和４年（1767）	宮地	
明和５年（1768）		宮地（２）
明和８年（1771）		宮地
明和９年（1772）	真砂	
安永４年（1775）	西住、真砂	
寛政元年（1789）		宮地
寛政２年（1790）		宮地（２）
寛政４年（1792）	宮地	
寛政７年（1795）		宮地
寛政８年（1796）	瀬越	
寛政９年（1797）	今立、山代	山代（17）
寛政12年（1800）		宮地（４）
文化７年（1810）		宮地（４）
文化10年（1813）	宮地、荒谷、串茶屋、猿ヶ馬場	宮地（３）
文化13年（1816）	真砂、浜佐美	
弘化２年（1845）	枯淵	
文久２年（1862）	山中、我谷、小杉	
文久３年（1863）	我谷	打越
元治元年（1864）	河尻、小杉、真砂	河尻、片野、桑原、上野、林
慶応元年（1865）	瀬越、小杉	
慶応２年（1866）	動橋、小杉	動橋（３）
明治元年（1868）	新保、百々、小杉	百々（３）
明治２年（1869）	中島、百々、小杉	

※『大聖寺藩の町有文書』『山中町史』「在地史料」などにより作成。（　）の数字は給人数。

納年貢米之事［A］

草高九拾石　村免四ツ
合四拾石三升弐合　定納口米
外両度夫銀子請取
右皆済之所如件　在江戸代判木村安兵衛
享保十九年十二月十四日　二松善次郎（印）
宮地村百姓中

真砂村御年貢米之事［B］

本高三拾石　免壱ツ弐歩
一、四石三合　定納口米
代銀百五拾弐匁壱分壱厘　年内銀納所
石三拾八匁宛
一、五　匁　春秋夫銀
右之通御納所皆済之所如件
寛文拾壱年十一月廿六日　十　村
次郎右衛門（印）

真砂村
長左衛門江
惣御百姓中

［A］は、享保一九年一二月一四日に二松善次郎の給知米を上納した宮地村に発給された納年貢米之事である。春秋夫銀額は記載されていないものの、寛文期（一六六一～七二）以降に夫銀規定が定納一〇〇石に付き一四〇匁となっていたので、五六匁を収納したものだろう。宮地村では毎年、二松氏・山崎氏・嶋田氏・佐分氏・大井氏など四人分の給知米を上納していた(18)。この納年貢米之事は、加賀藩同様に御収納米之事の前日に発給されることが多かった。なお、文化七年（一八一〇）の歩入規定よれば、分納割合は一〇月二日に一分五厘、一〇月一六日に三分五厘、一〇月晦日に六分五厘、一一月一〇日に八分五厘で、一一月二〇日に皆済となった(19)。

大聖寺藩の給人は家督相続や新知召抱に際し、家老連名の指紙をもって家中給知帳（官禄帳）に登録された。このとき、給人は御算用場の勘定頭から仮知行所付（知行権所付）を受けたのち、それを御墨付および本知行所付と交換した。すなわち、給人の知行所（給人知）は、知行所付の充行《あてがい》に伴って確定した。藩主から知行宛行の辞令を受けることを「折紙《おりがみ》」と、公称草高を「折紙高《おりがみだか》」と称した。折紙の文言および書き方は時代により一

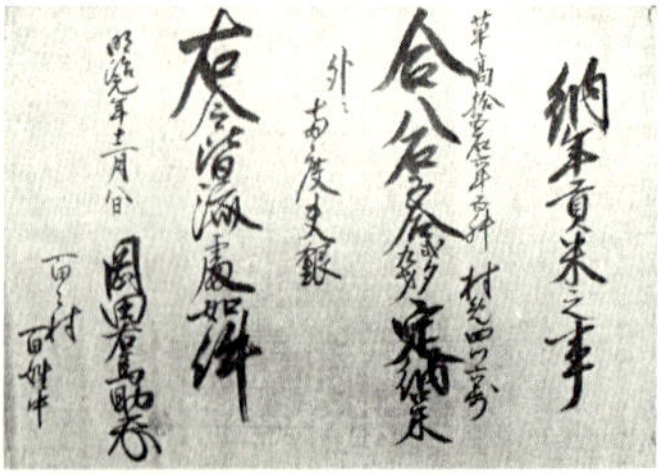

納年貢米之事（加賀市教育委員会蔵）

定しない。組付十村は知行所付に基づき「百姓附《ひゃくしょうづけ》」を作成して、給人に差し出した。百姓附とは給人に現米を納める農民を指定した書付であり、これに明記された農民は分担された給知米《きゅうちまい》を給人に上納しなければならなかった。給知米は天明六年（一七八六）に蔵宿《くらやど》が廃止されたのち、藩の給知《きゅうち》蔵《ぐら》と称する倉庫に収納された。

［B］は、寛文一一年（一六七一）一一月二六日に蔵入米を皆済した真砂村に発給された御年貢米之事である。これは表題を「御年貢米之事」と明記すること、春秋夫銀五匁を明記することなど江戸後期の形式とは少し差異があった。その表題は天和元年（一六八一）、同二年（一六八二）、元禄八年（一六九五）のものが「御年貢米之事」であり、明和九年（一七七二）のものから「御収納米之事」となった。いつ頃から「御年貢米之事」が「御収納米之事」と改名されたかは明確でないが、享保期（一七一六〜三五）には御収納米之事と改称されていたようだ。真砂村は村高三〇石の小村であり、給人の年貢収納がなかったため、納年貢米之事がみられず、御年貢米之事（御収納米之事）のみが発給された。(20)

大聖寺藩でも村肝煎が九月中に年貢上納の誓約書である「秋縮御請《あきしまりおうけ》」（秋縮書付）を組付十村に提出していたが、確認することはできない。村々の年貢米は収穫が終わる一〇月中旬から上納され、遅くとも一二月二〇日

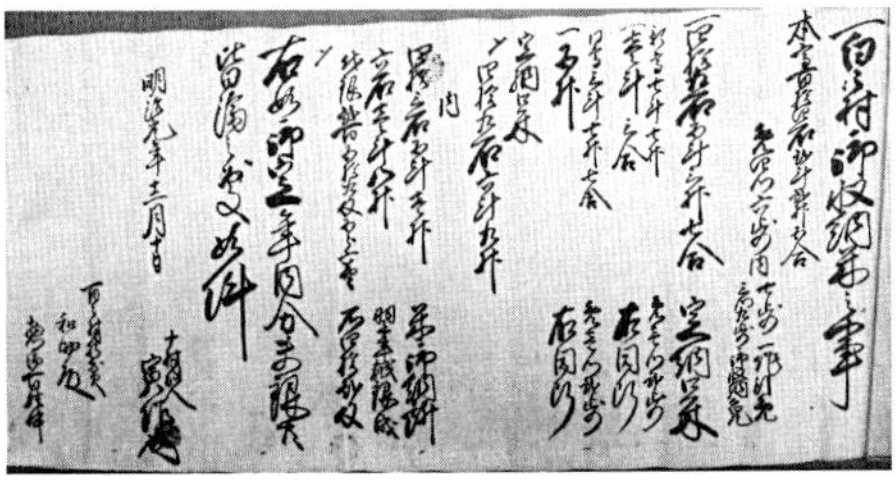

百々村御収納米之事（加賀市教育委員会蔵）

第9表　大聖寺藩の御蔵米・給知米（明治2年）

村名	御蔵米	給知米	免	村名	御蔵米	給知米	免
小菅波	74.994	152.495	4ツ2歩	塩浜	59.746	177.132	5ツ
作見	155.044	205.918	3ツ8歩	潮津	74.711	189.413	3ツ1歩
津波倉	11.253	38.126	4ツ	野田	52.166	130.772	3ツ5歩
二子塚	100.929	61.247	3ツ5歩	笹原	42.964	136.553	3ツ6歩
森	23.303	52.041	4ツ6歩	小塩	65.153	38.030	4ツ
松山	36.071	36.039	4ツ5歩	矢田	130.325	70.388	3ツ5歩
勅使	88.679	183.676	4ツ4歩	月津	223.089	94.080	4ツ6歩
清水	59.024	14.524	3ツ9歩	額見	215.096	72.100	4ツ
桑原	171.178	137.257	4ツ9歩	串	348.894	151.677	4ツ5歩
栄谷	73.175	48.550	3ツ8歩	佐美	296.159	44.041	3ツ7歩
宇谷	48.740	181.911	3ツ6歩	柴山	164.949	16.678	3ツ5歩
滝ヶ原	20.394	95.035	3ツ6歩	新保	102.782	60.048	3ツ6歩
那谷	98.505	432.057	4ツ7歩	林	138.006	27.591	3ツ4歩
大分校	281.472	59.799	3ツ9歩	戸津	71.358	20.016	4ツ
小分校	248.990	88.082	3ツ9歩	湯上	21.082	28.425	3ツ3歩
箱宮	143.797	169.256	3ツ5歩	馬場	68.333	28.785	3ツ
二ッ梨	84.084	82.921	3ツ8歩	下粟津	350.062	16.460	3ツ7歩
荒谷	33.036	83.090	3ツ7歩	島	111.498	120.092	4ツ7歩
八日市	81.950	37.363	4ツ4歩	深田	4 .250	149.432	4ツ3歩
動橋	230.235	522.425	4ツ9歩	宮地	38.228	135.662	4ツ
梶井	128.381	84.068	4ツ8歩	山田	19.486	154.734	3ツ2歩
中島	289.303	313.518	4ツ8歩	尾中	10.846	12.009	2ツ6歩
高塚	132.820	52.042	3ツ4歩	片山津	416.562	222.980	4ツ7歩
打越	156.498	223.915	4ツ3歩	下河崎	63.710	84.395	5ツ7歩
橋立	40.927	106.103	4ツ9歩	上河崎	221.771	392.096	4ツ5歩
細坪	211.146	42.033	5ツ5歩	中代	177.462	225.044	3ツ2歩
百々	43.510	41.102	3ツ9歩	加茂	297.083	305.370	3ツ4歩
曽宇	103.859	207.644	5ツ3歩	西島	161.563	228.181	3ツ8歩
直下	83.302	109.860	5ツ1歩	七日市	201.265	19.789	3ツ6歩
日谷	104.448	114.030	4ツ8歩	庄	345.020	194.636	3ツ9歩
南郷	260.482	221.365	4ツ1歩	黒崎	116.137	467.897	5ツ
大菅波	79.140	212.188	3ツ8歩	保賀	65.671	229.740	4ツ9歩
片野	111.734	18.710	4ツ3歩	山代	579.119	500.965	3ツ8歩
黒崎	147.983	72.054	4ツ6歩	尾俣	80.212	81.397	4ツ5歩
熊坂	918.284	36.393	5ツ5歩	桂谷	98.144	18.710	4ツ1歩
弓波	127.148	266.768	3ツ5歩	別所	68.721	20.016	3ツ
冨塚	165.618	144.110	3ツ6歩	河南	38.997	82.058	4ツ5歩
小塩辻	63.526	84.802	3ツ8歩	上野	106.744	107.307	3ツ3歩
毛合	100.098	138.094	4ツ8歩	小坂	99.725	104.412	3ツ8歩
川尻	118.095	120.097	4ツ8歩	横北	233.861	27.811	4ツ4歩
高尾	49.854	206.115	4ツ1歩	水田丸	126.685	110.491	3ツ8歩
千崎	58.996	48.138	3ツ7歩	柏野	102.724	115.029	4ツ1歩
大畠	36.709	14.808	3ツ7歩	塔尾	102.626	60.040	4ツ8歩
田尻	39.696	162.406	4ツ	中津原	70.596	15.843	3ツ8歩

※明治2年の「御蔵米納所給知米納所高帳」(『大聖寺藩の村方文書』)により作成。御蔵米1万7489石余、鍬米175石余、給知米1万1261石余、合計2万8925石余を記す。奥山方21ヵ村と西ノ庄の数ヵ村は記載なし。単位は石。勺以下は切り捨て。

までに皆済することが義務付けられていた。組付十村は村々に対して皆済の日限を確認し、遵守を申し渡したうえで、支配組の皆済予定日を御算用場に届け出た。彼らには組内の収納米が領内で一番早く、しかも予定通りに皆済されると、賞詞や褒美が与えられた。村々では各家の年貢額の決定に際し、村役人の恣意的《しいてき》賦課を避けるため「年貢小割帳《ねんぐこわりちょう》」（年貢割付帳《ねんぐわりつけちょう》・物成帳）を、さらに年貢米の分納時には「年貢米庭帳《ねんぐまいにわちょう》」を、年貢米の皆済後には「年貢勘定帳《ねんぐかんじょうちょう》」（勘定帳）を作成した。

百々町には明治元年（一八六八）の年貢皆済状四枚とともに、同年のものと考えられる「年貢掛札《ねんぐかけふだ》」（三枚）が現存する。年貢掛札は縦二一五センチ×横九センチの杉木札で、表面には「草高弐拾石、但闔弐拾石弐升弐合八勺八才、新高三升九合八勺、一家内六人太右衛門」などと草高・新高・農民名などを記している(21)。大聖寺藩の年貢掛札は他にみられないので、大変貴重なものである。これは毎年の取箇を村びとに周知させるために高札場や村肝煎の門あるいは戸口の上など、人々の見やすい場所に掛けて置いたもので、単に掛札ともいう。郡奉行所では享保初期から掛札の下書きを村々に渡し、本百姓・入作・越高などに至るまで毎年の年貢（取箇《とりか》）を周知させ、年貢割付の円滑と村役人らの不正防止を図った。

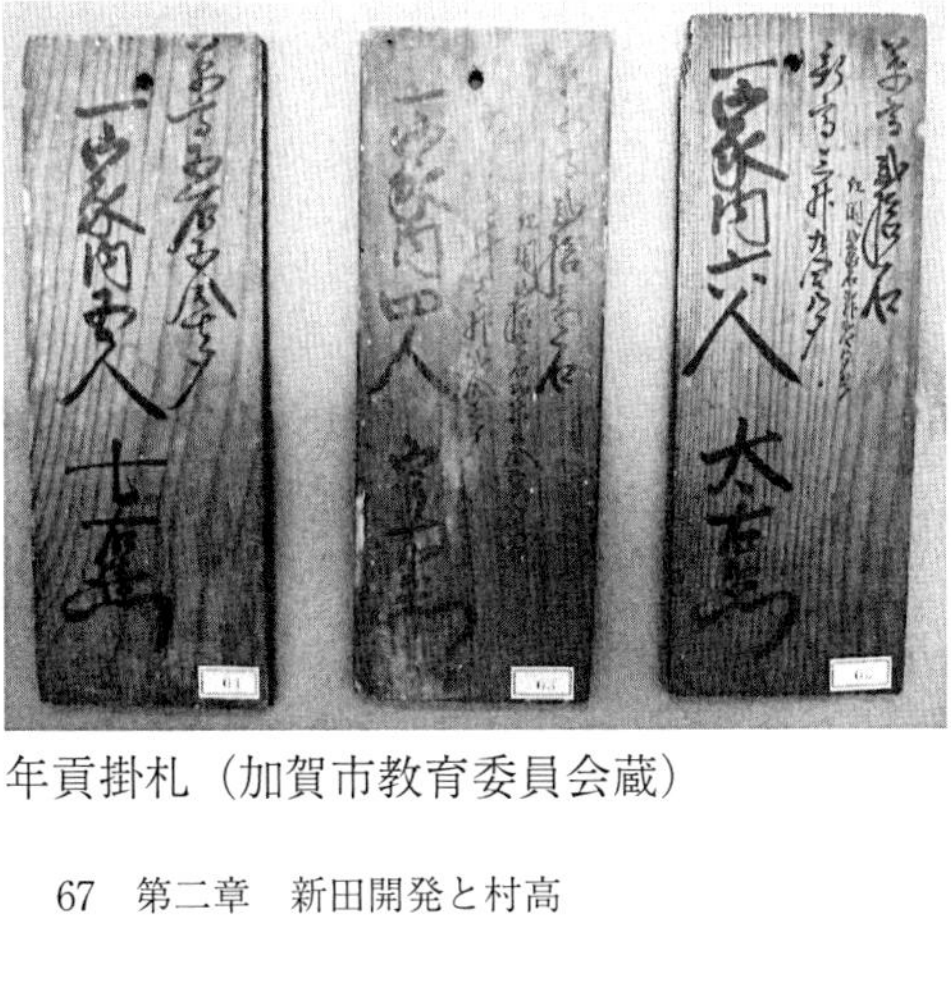
年貢掛札（加賀市教育委員会蔵）

註

（1）『加賀市史料一』（加賀市立図書館）三七～三七頁および「加越能文庫」（金沢市立玉川図書館近世史料館蔵）

（2）前掲『加賀市史料一』四六～四七頁、五七～五八頁、『大聖寺藩史』（大聖寺藩史編纂会）四五六～四六二頁、前掲『加賀市史料五』三五七～三五八頁および『加賀市史・資料編第一巻』（加賀市史編纂委員会）一二六頁。加賀藩では、総高が正保三年の一一二万三五四四石余から明治三年（一八七〇）の一三五万〇九二〇石余に二二万七三七六石余、富山藩では、正保三年の一二万七五六六石余から明治三年の一五万八三四五石余に三万〇七七九石余増加した（小田吉之丈『加賀藩農政史考』国書刊行会、六～八頁および『富山県史・通史編Ⅲ』富山県、三九五頁）。全国では、総高が慶長三年（一五九八）に一八五一万石余、正保二年（一六四五）に二四五五万石余、元禄一〇年（一六九七）に二五八八万石余、天保元年（一八三〇）に三〇五六万石余、明治六年（一八七三）に三二〇一万石余と増加した（『国史大辞典7』吉川弘文館、八八六頁）。なお、加賀藩の村数は、寛文四年（一六六四）の二二六四ヵ村（加賀国六〇五ヵ村、能登国五二九ヵ村、越中国一一三〇ヵ村）から明治二年の三五七三ヵ村（加賀国八四五ヵ村、能登国七九六ヵ村、越中国一九三二ヵ村））に増加した。参考までに、天正一三年（一五八五）の「加州江沼郡田畑屋敷目録」により大聖寺領の村高を第10表に示す。

（3）前掲『加賀市史料一』六二～六三頁。参考までに、大聖寺藩の出村・新村を第11表に示す。

（4）前掲『加賀市史料五』一六一頁

（5）前掲『加賀市史・資料編第一巻』二二八～二二九頁、前掲『加賀市史料一』五八頁および『石川縣江沼郡誌』（石川縣江沼郡役所）七三二頁。なお、原田村は明治三四年（一九〇一）に、袖野村は同三六年（一九〇三）に廃村となった。

（6）拙編『宗山遺稿』（ホクト印刷）一三～一七頁。大聖寺川下流に広がる「江沼潟」（右村辺り～吉崎村辺り）の干拓は、初代鹿野小四郎の次男与四郎が宝永期（一七〇四～一〇）に永井村付近の干拓を開始して以来、右村の堀野新四郎に受け継がれ、延享二年（一七四五）の鹿嶋新道完成などを経て、寛政期（一七八九～一八〇〇）には大半が完了した（前掲『加

第10表　大聖寺領の村高（天正13年）

村　名	村　高	村　名	本　高	村　名	本　高
大聖寺	313.193	山　代	934.301	勅　使	392.003
細　坪	288.921	保　賀	356.177	宇　谷	512.212
熊　坂	1273.218	黒　瀬	1119.188	滝ヶ原	645.811
右	1080.995	山　田	222.373	菩　提	434.775
奥　谷	658.020	山　田	336.835	那　谷	1166.007
橘	24.386	落　宇	51.903	栄　谷	278.467
永　井	253.638	片山津	688.650	山　本	70.108
瀬　越	228.758	毛　合	593.476	清　水	139.674
上　木	299.700	中　嶋	716.658	桑　原◆	477.674
三　ッ	239.018	高　塚	242.157	庄十日市◆	937.352
荻　生	136.011	矢　田	237.545	庄七日市◆	320.759
下福田	647.058	月　津	359.553	下河崎	243.285
上福田	733.092	糠　箕	426.305	上河崎	764.235
極楽寺	203.527	新　保	253.040	中　代	872.865
黒　崎	392.430	柴　山	342.694	賀　茂	784.191
深　田	217.634	冨　塚	460.710	上　野	291.869
橋　立	175.614	八日市	197.321	菅生谷	87.698
小　塩	131.575	動　橋◆	1213.435	瀧	428.924
田　尻	457.118	打　越	473.152	中津原	
大　畠	228.434	下粟津○	478.520	四十九院	372.350
千　崎		林　○	350.959	巣　谷	104.475
塩　浜	350.930	戸　津○	360.639	葛　谷	227.173
宮　地	198.774	湯　上○	132.614	尾　俣	237.994
野　田	158.405	荒　屋○	310.057	山　中	314.839
篠　原	243.688	二　梨○	259.671	下　谷	54.737
潮　津	464.501	箱　宮	512.289	菅　谷	293.027
小塩辻	242.490	分　校	1060.149	萱　野	69.262
高　尾	457.118	松　山	113.716	風　谷	67.615
菅　生	317.145	梶　井	298.380	大　内	23.637
南　江	641.432	岡	131.029	九　谷	356.634
曽　宇	664.044	敷　地	519.840	大　土	30.061
西直下	808.940	大菅波	425.865	今　立	150.107
東直下		小菅波	425.733	荒　谷	247.448
荒　木	67.014	作　美	715.661	馬　場	26.204
河　南	354.564	弓　波	825.676	佐　野○	969.664
中　田	63.842	西　嶋	275.310	石　川○	538.192
長谷田	293.178	津波倉	82.576	末　信○	532.405
上　原	225.592	二子塚	218.490	小長野○	391.989
塚　谷	155.164	森　◆	171.309	河原新保○	562.204
別　所	168.130	河　原	207.329		
4万4000石（123か村）					

※天正13年の「加州江沼郡田畑屋敷目録」(「溝口文書」東京大学図書館蔵）により作成。天正13年の村高は、塩釜年貢（70石）と侍屋敷城下（240石）を含む。◆の合計3481石は御蔵入分（秀吉分)。○の二梨・荒屋・湯上・戸津・林・下粟津等6ヵ村は能美郡に属すると記すものの、江沼郡に属した。馬場は能美郡に属した。なお、西直下は直下、東直下は日谷を指す。

第11表　大聖寺藩の出村・新村

	廃村名	親　村	成立時期	廃村時期	備　考
1	中　浜	上　木	江戸初期	天保年間	浜中とも称す
2	上木出	上　木	安永３年（1774）	現　　存	
3	上木新保	上　木	江戸後期	江戸末期	
4	山　岸	下福田	室町初期	現　　存	
5	犬　沢	下福田	江戸初期	現　　存	
6	平　床	敷　地	江戸初期	現　　存	一時的に廃村
7	宮	深　田	貞享元年（1684）	現　　存	宮村岻部神社
8	永井出	永　井	江戸前期	現　　存	永井新とも称す
9	右　出	右	江戸前期	現　　存	右新とも称す
10	大坂茶屋	右	江戸前期	江戸末期	
11	橘茶屋	橘	室町前期	昭和３年（1928）	上橘とも称す
12	吸　坂	南　郷	江戸初期	現　　存	四ヵ村の出村
13	二天茶屋	中　田	江戸前期	現　　存	日天とも書く
14	土　谷	上　原	室町中期	現　　存	下上原とも称す
15	大　日	真　砂	江戸前期	明治前期	
16	四ノ原	大　土	江戸中期	昭和16年（1941）	牛首の出作り
17	山代新	山　代	江戸前期	現　　存	勧進場とも称す
18	長　峰	山　代	万治元年（1658）	天保年間	
19	中　野	山　代	明暦３年（1657）	天保５年（1834）	
20	初　坂	森	江戸前期	文化年間	八坂とも称す
21	星　戸	西　島	明暦元年（1655）	明治19年（1886）	西島新とも称す
22	川　尻	毛　合	江戸初期	明治９年（1876）	河尻とも書く
23	院　内	分　校	江戸初期	江戸中期	
24	天日茶屋	小菅波	江戸初期	現　　存	天日とも称す
25	東山田	山　田	江戸前期	現　　存	
26	篠原新	篠　原	江戸初期	現　　存	
27	伊　切◆	新　保	江戸初期	現　　存	
28	矢田新◆	矢　田	江戸前期	現　　存	
29	月津新◆	月　津	万治元年（1658）	現　　存	四丁町とも称す
30	蓑　輪	嶋	江戸前期	江戸後期	箕輪とも書く
31	猿ヶ馬場◆	串	江戸前期	現　　存	串新とも称す
32	串茶屋◆	串	万治３年（1660）	現　　存	茶屋串とも称す
33	浜佐美◆	佐　美	江戸初期	現　　存	
34	村　松◆	佐　美	万治３年（1660）	現　　存	

※「三州地理志稿」「加賀江沼志稿」「御郡之覚抜書」などにより作成。熊坂村の枝郷や矢田野村の枝郷は除く。◆は後に村御印を受けたことを示す。

賀市史料六』八九頁)。

(7) 前掲『加賀市史・資料編第一巻』二六一～二七四頁。参考までに、①市ノ瀬用水、②矢田野用水、③鹿ヶ端《ししがはな》用水、④御《お》水戸《すいど》用水について略述する(拙著『大聖寺藩制史の研究』桂書房、一〇八～一一五頁)。

①市ノ瀬用水＝寛永二年(一六二五)に加賀藩主三代利常の命により、久世徳左衛門が監督して普請したもので、同年九月に別所村から山代新村まで完成した。その後、大聖寺藩主二代利明は、家老神谷内膳守政に命じて延長工事を行い、旧水路もやり直し的な大普請を加えて、寛文五年(一六六五)六月に動橋川に至る全用水を完成させた。全長は一里三〇町四四間(七二〇七メートル)で、灌漑規模は九〇四九石五斗(二三ヵ村)であった。

②矢田野用水＝矢田野新田の開発を目的に家老の神谷内膳守政が指揮したもので、市ノ瀬用水の第二期工事に続いて延宝七年(一六七九)に完成した。この矢田野用水は途中の小手ヶ谷《こて》が難工事であったため、小手ヶ谷用水とも呼ばれた。これは横北村領の動橋川右岸に設けた矢田野堰で取り入れ、法皇山の下を廻り、小手ヶ谷の堀割を経て中村領の川尻まで二里九町二一間(八八三五メートル)、さらに串村の官道堤まで二三町三〇間(二二六二メートル)、総計二里三二町五一間(一万一〇九八メートル)に及び、灌漑規模は七六八〇石(二一ヵ村)であった。

③鹿ヶ端用水＝江戸中期に創設されたものの、その年代は特定できない。寛政六年(一七九四)の『御郡之覚抜書』や天保一五年(一八四四)の『加賀江沼志稿』および江戸末期の「江沼郡中高村名」には「鹿ヶ端」と、明治四年(一八七一)の『大聖寺領巨細帳』には「鹿ヶ鼻」とある。この用水は取入口が保賀村領の通称「椎の木」と呼ぶ大聖寺川右岸にあり、上河崎・下河崎・敷地・岡・上福田村を経て下福田村に至る一里三町七間(約四三二五メートル)の本流と、中代・加茂・作見村を経て弓波村に至る三一町(約三三七九メートル)の分流との全長一里三四町七間(約七七〇四メートル)、灌漑規模六二八三石(一四ヵ村)であった。

④御水戸用水＝江戸中期に創設されたものの、その年代は特定できない。前記『加賀江沼志稿』や前記『大聖寺領巨細帳』には「御水戸」と、前記「江沼郡中高村名」には「御水道」とある。この用水は取入口が河南村領の大聖寺川左岸にあり、黒瀬・上河崎・下河崎・南江・菅生村を経て山田町領に至る二九町一五間(約三一八八メートル)、灌漑規模一五五四石

六斗（六ヵ村）であった。この水流は南江村の住吉で二分し、一流は同村の北側を通り菅生村・山田町領に流れ、いま一流は南側を通り同村背後の水田に流れた。

このほか、動橋川流域には、江戸後期に灌漑規模五三七石余の赤岩用水、同六三九石余の塔尾用水（兵太郎用水）、同五八〇石余の水田丸用水（開発用水）、同八一五二石余の横北用水、同九九五石余の勅使用水、同一七三〇石余の中島用水など規模の小さい用水があった（前掲『加賀市史料五』一二一〜一二二頁および前掲『大聖寺藩史』一一三頁）。

（8）前掲『加賀市史料五』一六二頁

（9）村御印は幕府領や諸藩が発令した「年貢割付状」に当たるが、毎年発令されない点が年貢割付状とは異なった。幕府領の代官や諸藩の郡奉行は、毎年その年の年貢高を決定し、村の庄屋（名主・肝煎）・組頭・惣百姓宛に徴税令書「年貢割付状」（御成箇免定《おなりかめんじょう》・年貢免状《ねんぐめんじょう》・免状・免定・下札《さげふだ》）を発給した。幕府領の代官所では毎年秋の収穫前の検見を実施し、その結果に基づき取箇帳を作成して勘定所に提出し、勘定所は取箇増を付けて代官に達し、代官から村々に発給された。その形式や記載事項は時代や領主支配関係によって異なるが、概ね村高・田畑反別・諸引・有高・租率・年貢高などを記し、さらに小物成・夫役や、幕府領の高掛三役（六尺給米・御蔵前入用・御伝馬宿入用）を記し、最後に合計した納入総額と上納期限（皆済期日）を記していた。村々では年貢割付状に基づき高持百姓全員の立ち会いのもと、持高に応じて各家ごとに負担額を決定した（『地方凡例録・下巻』近藤出版、七四〜七五頁）。

加賀藩では、三代利常が慶安四年（一六五一）から明暦二年（一六五六）にかけて改作法（改作仕法）という農政大改革（財政改革）を行った。この改作法の主目的は収穫の豊凶に関係なく、毎年一定額の年貢を徴収することによって、藩の財政確保と藩主が直接領民を掌握することにあった。つまり、加賀藩は改作法の内容を明確にするため、慶安三年（一六五〇）、承応三年（一六五四）、明暦二年（一六五六）に村々（領民）に対し、年貢令達状の「村御印」を交付した。承応三年の村御印は、明暦二年に手上高・手上免や新開高などの増加分を含めて書き換えられた。その後、明暦二年の村御印は、寛文一〇年（一六七〇）の新京枡採用に伴い、すべて書き換えられ、新たに交付された。この村御印には年月の下に五代綱紀を示す満の黒印が捺され、改作法体制を築くための敷借米の免除や手上高《てあげだか》・手上免《てあげめん》などの主要な変更部分が訂正・加筆されていた。これは通常「御印箱」と呼ばれる専用の木箱に入れられ、村肝煎により大切に保管されていたが、雨漏や火災などで損失や焼失した場合には、御算用場から再交付された（『加賀藩御定書・後編』石川県図書館協会、五一八頁）。

(10) 能美郡佐美村の村御印は万治元年（一六五八）一〇月のものであり、現在、小松市立博物館が保管する。

(11) 前掲『加賀市史料五』一五九頁

(12)『聖藩算用場定書』（北陸謄写堂）八頁

(13) 前掲『加賀市史料五』八三～八五頁

(14) 拙編『大聖寺藩の村御印』（北陸印刷）一四～一五頁

(15) 前掲『加賀市史料五』一六〇頁

(16) 幕府領の代官や諸藩の郡奉行は、年貢完納時に年貢皆済を証す書付「年貢皆済目録」（年貢皆済状）を村々に発給した。これは年貢割付状に基づき作成されたものであり、年貢勘定目録と年貢皆済目録との二種類に分けられた。前者は村方が年貢皆済時に作成し、代官手代が裏書裏印したのち村方に返付され、後者は年貢皆済時に代官手代が作成し村方に発給された。年貢皆済目録は年貢納入のつど代官が押切印形した通帳や、代官手代が交付した小手形をもって受取書を発行し、年貢皆済時にそれを役所に指出せば、それと引き換えられ、代官が調印したのち村方に返付された。これは通常一紙書付の形式であり、村の名主（庄屋・肝煎）・組頭・惣百姓宛に出された。この様式が完成整備されたのは享保期であり、実際に納められた米（翌年納可能、正月から七月）と石代納された金銀などの数量が記された。なお、年貢割付状に記される貢租賦課額は米を基本としているが、上方では三分の一銀納、関東では畑永納、奥羽では半永納などの石代納なので、年貢皆済目録では実際に上納した米と石代納された金銀などの数量が記された（前掲『地方凡例録・下巻』六七～六九頁）。

(17) 前掲『大聖寺藩の村御印』一七九頁および二三一頁

(18)『右同』一七九～一九六頁。山代村では寛政九年（一七九七）に御蔵米が五八七石余、給知米が四八〇石余であり、給知米の内訳は駒沢彦三が二〇石余、一色久米が四〇石余、平田伝八が二八石余、林九良右衛門が三八石余、岡崎権太夫が二〇石余、吉田丹治が三〇石余、山崎権丞が四〇石余、毛利三良太夫が二〇石余、林垣右衛門が二〇石余、飯田忠蔵が二

○石余、前田中務が六〇石余、山口常之進が二〇石余、青山新右衛門が二〇石余、渡辺六左衛門が二〇石余、野尻後藤太が一六石余、斉藤忠兵衛が六〇石余、村田弥八郎が二〇石余などであった（前掲『加賀市史・資料編第一巻』四八〇～四八二頁）。宮地村では文化七年（一八一〇）に御蔵米が八二石余、給知米が一〇七石余であり、給知米の内訳は大井久兵衛が二〇石余、佐分軍蔵が二〇石余、山崎権丞が三五石余、二松甚五左衛門が三二石余であった（前掲『大聖寺藩の村御印』一九三～一九五頁）。百々村では明治元年（一八六八）に御蔵米が四九石余、給知米が四八石余であり、給知米の内訳は岡田右馬助が八石余、足立民部が二〇石余、柴山鋼三郎が二〇石余であった（『同書』二二四～二二五頁）。

(19) 前掲『加賀市史料五』一八四頁。大聖寺藩の改作法が成就した寛文二年（一六六二）の歩入規定は、九月晦日までに二〇石、一〇月一五日までに二〇石、一〇月晦日までに三〇石、一一月一五日までに二〇石、一一月晦日までに一〇石であった（前掲『加賀市史料一』一一一頁）。

(20) 大聖寺藩の御蔵には大聖寺城下の永町御蔵（四丁町御蔵）のほか、瀬越御蔵、山中御蔵、串御蔵などがあった。永町御蔵は寛文九年（一六六九）に小塩村から移された

永町御蔵（『錦城名所』所収）

もので、天明七年（一七八七）に設置された給知蔵（元蔵宿）ととも永町毘沙門社の横にあった。永町御蔵は江戸後期に西蔵（五〇四二石入り）、南蔵（三〇八〇石入り）、中立蔵（同上）、北蔵（同上）、辰巳蔵（不詳）から成り、主に大坂廻米・御膳米などを貯蔵していた。寛文期（一六六一～七二）に設置された瀬越御蔵は、飛砂のため寛政四年（一七九二）に村中から西端に移されたものであり、向蔵（四間×二〇間）と横蔵（二間×一二間）から成っていた。寛文期に設置された山中御蔵は、江戸後期に町人から借りた「御借蔵」（二〇〇〇石入り）であった。寛文四年（一六六四）に創建された串御蔵は、安永三年（一七七四）に中絶したのち文化一三年（一八一六）に町人二人から借りた「御借蔵」（七〇〇石入り）として再興された（前掲『加賀市史料五』一三五～一四九頁）。

（21）「百々町有文書」（加賀市教育委員会蔵）

第三章　大聖寺新田藩と采女事件

一　大聖寺新田藩の成立

領主や旗本の領地は江戸幕府から一代限り封与されるもので、領地の相続は法律上できなかったが、被相続人の幕府への願い出によって、領主の子孫がその領分を継承相続することが許可された。この単独相続とは別に分割相続、すなわち諸子などへの分知も願い出によって許可される場合があった。たとえば、岡山藩（備中国、三一万五〇〇〇石）の池田光政は、寛文一二年（一六七二）六月に長男綱政に家督を譲るとともに、次男政言《まさこと》に新田二万五〇〇〇石を、三男輝録《てるとし》に新田一万五〇〇〇石をそれぞれ分知したい旨を、大老の酒井雅楽頭《うたのかみ》忠清を通じて願い出て許可された。分知には別御朱印頂戴の分知と別御朱印頂戴無き分知（内分知）とがあった。この分知は江戸前期に相当数あり、同後期には稀だった。領主や旗本は、領内の新田開発により新田高が一万石に達した場合、それを分知して支藩を創設することがあった。こうした新田分知により分家した藩を一般に新田藩と称した。

まず、諸藩の新田藩を第1表に示す。新田の新田分知の形態には、①具体的な領地を指定して分知する場合、②領地を指定して分与するが、そこからの収入は本家から蔵米で支給する場合、③分与する領地を指定せず、収入のみを本家から支給する場合などがあった。具体的には、①に大垣新田藩・

第1表　諸藩の新田藩

本藩名	成立時期	在藩期間	血縁関係	石高	支配機構	備　　考
白　河	元禄元年（1692）	76	藩主子	20000	○	別名桑折藩
秋　田	元禄14年（1701）	170	藩主弟	20000	○	別名岩崎藩、江戸定府
秋　田	元禄14年（1701）	31	藩主甥	10000	×	
米　沢	享保4年（1719）	52	藩主弟	10000	×	
大多喜	慶安4年（1651）	8	藩主弟	16000	×	
甲　府	宝永6年（1709）	15	藩主子	10000	×	江戸定府
甲　府	宝永6年（1709）	15	藩主子	10000	×	江戸定府
大聖寺	元禄5年（1692）	17	藩主弟	10000	△	←親加賀藩、江戸定府
大　垣	元禄元年（1688）	181	藩主弟	10000	○	別名畑村藩、江戸定府
彦　根	正徳4年（1714）	20	藩主子	10000	×	
姫　路	明和7年（1770）	47	藩主子	10000	×	江戸定府
鳥　取	貞享2年（1685）	184	藩主弟	25000	○	別名鹿野藩、西館
鳥　取	元禄13年（1700）	170	藩主弟	15000	○	別名若桜藩、東館
松　江	元禄14年（1701）	3	藩主弟	10000	×	
津　山	延宝4年（1676）	21	藩主弟	15000	○	播磨国三ケ月藩へ
岡　山	寛文12年（1672）	199	藩主弟	25000	×	別名生坂藩
岡　山	寛文12年（1672）	199	藩主弟	15000	○	別名鴨方藩
広　島	享保15年（1730）	139	藩主弟	30000	△	内証分家
長　府	承応2年（1653）	218	藩主叔父	10000	○	別名清末藩←親萩藩
富　田	延宝6年（1678）	49	藩主子	50000	○	別名富田藩←親徳島藩
松　山	享保5年（1720）	45	藩主子	10000	×	
高　知	安永9年（1780）	90	藩主姻戚	13000	△	江戸定府
平　戸	元禄2年（1689）	181	藩主弟	10000	○	別名平戸館山藩
熊　本	寛文6年（1666）	203	藩主弟	35000	○	別名高瀬藩、江戸定府
小　倉	寛文11年（1671）	200	藩主子	10000	△	別名千束藩

※『徳川実紀』『寛政重修諸家譜』『大日本近世史料』『藩史大事典』などにより作成。支配機構の○は整備、×は未整備、△は一部整備を示す。

松江新田藩など、②に秋田新田藩・大聖寺新田藩・津山新田藩など、③に米沢新田藩・彦根新田藩・広島新田藩などが属した。いずれの場合においても、分藩の領地は新田高として本来の領地である本田高と区別され、分藩が本藩を相続するなどして、改易され分知領が本藩に返されても本藩の表高は変化しなかった。ただ、転封の多い譜代大名や旗本の場合は、特に手続きもなく分藩の領地が本田高として扱われることがあった。新田藩は通常大名や旗本と同様に扱われていたが、その領地の政治は本藩に依存し独自の治績が残ることは稀であった。一方で、松江新田藩や小倉新田藩のように本藩の藩主の後見を務める者もいた。新田藩は長く継続する場合は、新田藩の名称を使用せず、多くは個別の藩名を使用した。なお、幕末まで存続した新田藩は、明治維新に際し独自の陣屋を設けたり、本藩に吸収されたりしたため、維新後に新田藩と称される藩は存在しなかった。(1)

　大聖寺新田藩の藩祖利昌《としまさ》は、大聖寺藩主の二代利明の四男、三代利直の弟であり、貞享元年（一六八四）一一月一五日に江戸で正室の慈願院《じがんいん》（白河藩主本多忠義娘）から生まれ、同三年一一月に御髪《おかみ》置《おき》を行い、掃部《かもん》・采女《うねめ》と通称した。『徳川実紀』の元禄五年七月九日条には、「加賀国大聖寺城主松平飛騨守利明が遺知七万石を、長子内記利直につがしめられ、新田一万石を二子前田采女利昌に分ちあたへらる」とあり、(2)二代利明の四男利昌は元禄五年（一六九二）七月九日に三男利直が大聖寺藩の三代藩主に任命されたとき、九歳で領内の新田一万石を利直から分与され、松平を名乗り諸侯をもって遇せられた。同七年七月朔日には初御目見が許可され、同九年四月には呉服橋舛形御番を命じられた。

藩祖利昌は江戸定府《じょうふ》（常住）であったため、参勤交代を実施することはなかった。当初は江戸藩邸がなく、母慈眼院とともに大聖寺藩邸中屋敷（下谷池之端七軒町、四六四一坪）に居住していたが、同一六年（一七〇三）八月一〇日に茅町《かやまち》（元二万石那須遠江守の屋敷）と板橋に屋敷を拝領した。茅町の屋敷は邸内がかなり広く、日頃三〇人ほどの家臣が生活していた[3]。この屋敷は、宝永六年（一七〇九）二月二一日に至って内藤図書の居邸となったため幕府の役人に引き渡された。また、大聖寺城下の屋敷は、当初大聖寺藩邸北西の荻生村領にあって荻生屋敷と呼ばれていたが、のちに城下新町の毫摂寺《ごうしょうじ》跡に移された。これは利昌の死後に取り払われ、藩士の居住地となり、その後采女屋敷と呼ばれた。このように、大聖寺新田藩の成立期間はわずか一八年間で、まだ政治機構が整備されていなかったため、その治績はほとんど明確ではない。

小塩辻村の十村市川文兵衛が宝永四年（一七〇七）春に著した「十村御用記録」（仮題）によれば、采女領の十村二人は宝永元年（一七〇四）六月二三日の三代利直の初入部に際し、奥谷村の御国境一里塚（南側半分は福井藩領）近くで家老・御用人・勘定頭・御算用場奉行・郡奉行・同目付や目付十村二人・組付十村五人などとともに藩主を出迎えた。このとき、彼らは御国境一里塚近くの奥谷村「ばんだ窪畠之内」に各二間（約三・六メートル）離れて、采女領十村二人・組付十村五人・目付十村二人、郡目付・郡奉行・御算用場奉行・勘定頭・御用人・家老の順に並んで藩主を迎えた。藩主が到着後、目付十村二人は刺鯖《さしさば》五刺、組付十村五人は鰍《しゅうきん》筋五本を献上したが、采女領の十村二人は御肴《おさかな》の献上を認められなかった。(4) また、目付十村二人・組付十村五人は町年寄・町医や山中村の宿主・肝煎・湯番などとともに、翌年正月三日の年始御礼（御目見）や二月六日の御能興行に招待されたが、采女領の十村二人は許可されなかった。(5) ともあれ、宝永元年六月には采女領十村として富塚村次兵衛と分校村半助が置かれており、この頃には荻生・弓波・富塚・分校・矢田野村など采女領一万石の領地（十村支配地）が確定していたものだろう。つまり、大聖寺新田藩でも、廃藩の数年前に至って領地の村々が確定し、小規模ながら大聖寺藩に準じた十村制度が成立していた。

ところで、宝永三年（一七〇六）六月二二日付の覚書（江戸藩邸からの御立書写）には、采女領一万石の十村支配について次のようにある。(6)

覚

一、新田分知之儀最前願之首尾、采女方家来共委細不知故、心得違在之躰ニ候、其品左ニ記之

一、新田とハ、本田之外空地ニ新開、新田村出来之所ヲ新田と申候、大聖寺之義ハ土地狭く左様之所無之候、皆本高之村々ニ付たる僅之新田之取集壱万石余も有之故、新田壱万石分知被相願其通被仰出候得共、采女方へ御朱印被下義も無之、此方高内ニ候

一、右之通、別ニ一円或五、三千石宛も新田・新村有之候得共、村分ニ成申事と、此新田ハ此方領中不残本高之内ニ僅斗宛之新田ニ候故、遂勘定采女方へ相納候義入組候而六ケ敷《むずかしき》候付、此方役人共裁許成罷候様ニ内証ニ而村分ケ申付置候、中々公義立たる村分ニ而ハ無之候、其上内

分ヶ之村皆本高之村ニ候ヘバ、采女方ゟ支配難成訳ニ候、其子細故此高は郡奉行為致裁許、采女方ニ郡奉行人は無之候、此義ハ兎角本家之了簡次第、蔵米を以成共壱万石之高さへ所務有之上ハ、采女方ニハ事済筈ニ候、然ハ元此方ゟ出たる知行ニて候ヘバ、諸事本家之通ニ被致筈勿論ニ候、然ル処本高之格を皆当分之入用ニまかせ役人共へ色々申懸候儀、第一采女方家来共了簡悪敷候、間柄之儀候得ば双方宜様ニ可有示談処、他人之格ニ仕成申事不届千万、兄弟之間をもそこなひ申仕方ニ候、此段九左衛門殿ゟ致合点役人共へ急度可申渡旨、委細ニ九左衛門呼立可申聞候也

戌六月　日

大聖寺藩では、①藩祖利昌の家来が采女領の新田分知について充分に理解していないこと、②村々の新田分を合わせて一万石とした采女領は幕府から御朱印が与えられていないこと、③本高に含められた新田分の年貢を勘定して采女領へ納めることは大変難しく、采女領の役人が裁許できるよう内証で村分けをしたこと、④郡奉行がいない采女領は村々を管理することが難しく、本家の了簡次第、蔵米一万石をもって采女領の収入としたこと、⑤采女領はすべて本家の知行であるにも拘わらず、当分の入用を本高格に準ずると役人に申懸ける了簡違いをしていることなどを、大聖寺新田藩の家老木村九左衛門（四〇〇石）に確認させていた。

大聖寺藩では宝永三年九月一二日に改作奉行二人、横目二人、郡目付二人、目付十村二人（山代村

安右衛門・右村新四郎)、組付十村四人(保賀村宗左衛門・平野屋五兵衛・山中村伊右衛門・島村五郎右衛門)らが「立毛見立《たちげみたて》」(農作物の作柄検査)を実施したうえ、二九ヵ村に対し免切《めんきり》(減税)の措置をとったとき、采女領の十村富塚村治兵衛と同分校村半助も参加していた。すなわち、彼らは采女領の十村二人とともに切免高や定納口米・秋春夫銀などを帳面に記し、御用所に報告した。注目したいことは、『御算用場留書』の宝永三年九月二六日条に「采女様御領とも御用捨免被仰付村数六ヶ村」とあって、(7) 采女領の六ヵ村(定納口米一八一石七斗六升一合五勺)でも同年に免切を実施したことである。つまり、大聖寺藩とは別に采女領の村々が定められ、それらを管理する十村二人も置かれていたのである。なお、同六年に藩祖利昌が死去した際には、「采女様領地矢田野一万石」を幕府に返却していたので、(8) その後矢田野新田(九ヵ村一八三二石二斗一升三合)も采女領となっていたようだ。

また、『御算用場留書』の宝永六年九月二八日条には、「采女様御領弓波村ニ而、同村七右衛門ト申百姓里子」とあり、(9) 大聖寺新田藩でも、加賀藩や大聖寺藩同様に里子制度が実施されていた。里子とは、軽犯罪者あるいはその連類者に科した刑罰の一種で、村方に農業労働者として雇われる者、人足として官役に服する者、移住して新開に従事する者などがあった。注目したいことは、穀倉地域で村高の多い弓波村が采女領に属していたことである。

二　采女事件の顛末

宝永六年（一七〇九）二月一六日の早朝、上野寛永寺の塔頭《たっちゅう》の顕性院《けんしょういん》において、利昌が大和柳本藩（一万石）の四代藩主織田監物秀親《けんもつひでちか》を殺害する采女事件がおこった。[10]この年正月一〇日に五代将軍綱吉が薨去《こうきょ》し、二二日に遺骸が寛永寺に入り、二八日に廟所《びょうしょ》に移して、二九日から法会が始まった。二月一四日早朝には、朝廷から勅使一人と使者六人が江戸に到着し、同一六日には寛永寺に参向することになっていた。溝口伯耆守重元《しげもと》は勅使《ちょくし》の今出川内大臣伊季《これすえ》、大村筑後守純尹《すみまさ》は院使（仙洞使《せんとうし》）の醍醐大納言昭尹《あきただ》と東宮使《とうぐうし》の小川坊城《おがわぼうじょう》中納言俊清《としきよ》、佐竹壱岐守義長《よしなが》は女院使《にょいんし》の綾小路宰相《あやのこうじさいしょう》有胤《ありたね》、前田采女利昌は中宮使《ちゅうぐうし》の中山参議兼親《かねちか》、織田監物秀親は大准后使《じゅごうし》の町尻三位《まちじりさんみ》兼量《けんかず》と宣名使《せんみょうし》の平松少納言時春《ときはる》などの馳走人《ちそうにん》（接待役）を務めるため、一三日に伝奏屋敷に入り、一五日夜半からは尾張藩の顕性院に詰めており、一六日早暁に刃傷事件が起こった。溝口伯耆守重元は新発田藩（表高五万石）の五代藩主、大村筑後守純尹は大村藩（朱印高二万七九七三石）の五代藩主、佐竹壱岐守義長は秋田新田藩（表高二万石）の藩祖であった。なお、溝口伯耆守重元の正室は藩祖利昌の姉「佐野」であった。

利昌は、公家方を迎えに出た人々が着座したとき、秀親を書院の廊下の隅に呼び、一言二言話すや小刀（備前則光）で秀親の胸を突き、さらに足で蹴返し、左肩や腰を斬った。近習の岡田弥市郎（合力米三〇俵）が異変に気付いて駆け付けたものの、蝋燭の火が暗くて分からなかったのか、他人が自分を妨げるものと誤って弥市郎の肩を四、五寸（一五センチ）ほど傷つけた。利昌は、その場で切腹しようとしたが、家老木村九左衛門の意見で、病気ということにして自邸に帰った。利昌は弥市郎と九左衛門に挟まれ顕性院の露地を出て、中川七左衛門が呼び寄せた駕籠に乗り、九左衛門が利昌の馬に跨り、岡田弥市郎・浅井左助・吉田幸七・安達新五左衛門などが随従し、黒門より池之端を通り茅町の屋敷に帰った。途中、無縁坂で給人高橋彦丞に命じて、このことを兄の利直に報告させた(11)。

三代利直は大いに驚き、直ちに加賀藩・富山藩など前田家一族の藩主・重臣に報告し、家老村井主殿など家臣とともに利昌邸に至った。やがて加賀藩主五代綱紀・吉徳（のち六代藩主）父子をはじめ、同重臣の前田帯刀、富山藩主三代利興《としおき》、同弟の利隆《としたか》（のち四代藩主）、姉婿の水野中務少輔、従兄弟の本多信濃守・石川近江守・本多兵庫頭など前田家一族が次々に駆けつけた。采女事件は浅野内匠頭の刃傷事件と同様に、利昌の切腹、領地の没収、家臣の放浪などを意図していたため、大聖寺新田藩だけでなく前田家一族にとっても大事件であった。三代利直は本藩の大聖寺藩主で、また利昌の兄でもあり、幕府から外出禁止を命じられたものの、すぐに解禁された。なお、利昌と秀親の役儀代理は、増山対馬守と本多若狭守が務めた。

同日午刻（午前一一時）過ぎに、幕府の大目付松平石見守、目付久留重左衛門・伊勢平八郎などが利昌邸に来て尋問し、夕刻に老中の奉書により利昌の身柄を山城淀藩主石川義孝《よしたか》邸（六万石）に移した。利昌は、三代利直をはじめ一族に暇乞《いとまごい》の挨拶をし、それより乗物に移り、諸人の見送りを受けて自邸を出た。このとき、利昌は上が花色の梅鉢御紋、下が浅黄無地《あさぎむじ》の上下《かみしも》（上着と袴《はかま》）に博多帯の衣服を身に着けていた。この護送には、石川主殿の家臣名川沢右衛門以下、騎馬の士分四人、徒一〇数人、足軽二〇人、給人一〇人などが乗物を中に高提灯を押し立てて当たった(12)。

一八日未刻（午後一時）に、幕府の横田備中守・牧野伝蔵・伊勢平八郎が石川邸に来て、利昌に対し切腹を命じた。利昌は直ちに書院縁側に設けた場所に就き、三方《さんぽう》に載せられた小刀を取りあげて脇腹に突き立て、野田甚五衛の介錯《かいしゃく》で二六歳の生涯を終えた。利昌の切腹場は、座敷の縁側に毛氈《もうせん》を敷き、その上に畳六畳・布団・白布を重ねた所であった。これは、庭で行われた浅野内匠頭のそれに比べても特別な扱いであった(13)。

この事件の発生原因は、以前からの深い怨恨《えんこん》によるものではなく、接待役になってからであろう。秀親は織田信長の子孫である家系を誇り、利昌を青二才とあなどるなど、若い利昌には我慢ができないことが多かったのだろう。一方、名門織田家の家計を誇る秀親は、いつも采女が正式な座席の上席を占めたことを快く思わなかった。殺害の決心は数日前からできていたらしく、利昌の家老木村九左衛門（四〇〇石）に「人をやっつけるには、斬る方がよいか、突く方がよいか」と聞いていた。木村九左衛門は、事件後に足摺《あしずり》をして残念がったという。また、利昌は赤穂事件で浅野内匠頭が吉良上野介を打ち損ねたとき、「私なら一刀のもとに打殺してやるのに」という意味のことを側近に語ったともいう。利昌は優雅な美男子であり、腕力が強く、剣道にもすぐれていたという。[14] 秀親は貞享四年（一六八七）九月に家督を相続したのち、領内の産業開発を熱心に進めた人物で、体も堂々として力も強く、剣道の達人であったという。なお、『徳川実紀』には「采女利昌狂気」、『柳本藩織田家記録』には「於采女乱心」、『一蓬君日記抜書』には「乱心監物」とあり、[15] それぞれ幕府や織田家や前田家の立場で記述されている。

大聖寺藩邸では、利昌切腹の通知を受け、一八日夜亥刻（午後九時）過ぎに留守居菅谷平太夫・中沢久兵衛を石川邸に遣わし、遺骸の受け取りを議させた。平太夫・久兵衛は、石川邸において留守居名川沢右衛門の接待を受け、利昌の遺骸を処置した。家老木村九左衛門、用人志村平左衛門、大目付深町惣左衛門、留守居安達新五左衛門・中川七左衛門・渡辺善太夫は直ちに書院に通り、遺骸を乗物に移し、西之門から出た。一九日朝に、利昌の遺骸を下谷広徳寺に葬り、法号を真源院雄鋒紹機居士と称した。利昌の葬儀は、五代将軍綱吉の側室（浄光院）の遺体を上野の寛永寺に入れる日と重なり、急に一八日の夜中に用意し、一九日の朝に行ない、遺骸を土葬した。同日夜に、家老木村九左衛門は家臣藤田十郎右衛門とともに、利昌の墓前で髪を剃り落とし道斉と名乗った。この刃傷事件の報が大聖寺に達したのは、二四日子上刻（午後一一時）で、切腹の報は二八日であった。大聖寺藩では、浦留三日、店留五日、鳴物・普請などを利直の藩邸出仕まで停止する旨を庶民に布告した。利昌には、側室はいたものの、正室はなく、子女もなかった。なお、利昌の遺領一万石は、幕府に没収されたのち、同年四月一二日に大聖寺藩に返還された。

前田利昌の墓（東京都練馬区桜台広徳寺）

註

（1）『国史大辞典7』（吉川弘文館）八八六頁

（2）『国史大系・徳川実紀第六篇』（吉川弘文館）一四七頁。津田政隣《まさちか》が文化一一年（一八一四）に著した『政隣記《せいりんき》』にも、「七月九日、内記利重君四時前田日向守殿御同道御登城被成候様、前日之御奉書今日御出之処、利明公御遺領七万石、内記様御拝領、御舎弟采女利昌殿江新田一万石御相続被仰出」とある（『加賀藩史料・第五編』清文堂、一七九頁）。なお、藩祖利昌は藩主となる前年の元禄四年（一六九一）八月から宝永六年（一七〇九）正月まで、五代将軍綱吉が創設した「奥《おく》詰《づめ》」を一八年も務めた（前掲『国史大系・徳川実紀第六篇』一一五頁）。

（3）大聖寺藩邸の江戸中屋敷には、元禄期（一六八八～一七〇三）に三代利直の家臣が二一人、藩祖利昌の家臣が一八人、慈願院様附の家臣五人が居住していた。利昌の家臣（采女様衆）一八人とは、稲垣清左衛門・渡辺善太夫・岡田弥市郎・志村平左衛門・中村彦三・山崎清右衛門・関宇右衛門・岡田権六・永井弥左衛門・三宅弥五郎・水野伝七・山田勘太夫・吉田貞右衛門・吉野政右衛門・近藤平兵衛・小川弥五郎・小倉勘太夫・深町惣左衛門であった（前掲『加賀藩史料・第五編』八三七～八三八頁）。なお、稲垣清左衛門は元禄一〇年（一六九七）七月から宝永二年（一七〇五）五月まで三〇〇石（のち四〇〇石）をもって木村九左衛門とともに大聖寺新田藩の家老を務めた（『加賀市史料二』加賀市立図書館、一七二頁）。

（4）「鹿野家文書」（個人蔵）。三代利直は、初入部した宝永元年（一七〇四）一二月に藩邸御露地（庭園）の築山《つきやま》に天満宮（天満社）を、二回目に入部した采女事件直後の同六年（一七〇九）一一月には外御露地に川端《かわばた》御亭《おちん》（長流亭）を建造した。大聖寺藩邸の御露地は、加賀藩主三代利常の命を受けた「御露地造役」の西村甚兵衛が、大聖寺藩が成立する二年前の寛永一四年（一六三七）から慶安二年（一六四九）頃まで十数ヵ年をかけて築造したものである。元禄六年（一六九三）以前の「大聖寺藩邸図」には、二つの築山や東西七五メートルを超える広大な池泉（瓠池《ひさごいけ》）のほか、築山（のち栄螺山《さざえやま》）と池泉の境に御亭《おちん》（山明亭か）が、その近くの築山に傘《からかさ》御亭《おちん》が描かれている。池泉と御亭については、加賀藩主五代綱《つな》紀《のり》が延宝四年（一六七六）に加賀藩の御露地（のち兼六園）に瓢池を掘り、その前方に江戸町御亭を建造したことを真似て、同六年頃に池泉を瓢形に大改造し、翌年に二代利明の命を受けた「御露地御細工人」の塚本吉右衛門が御亭や傘御亭を建造したものだろう。しかし、これら御露地に付属する建物は、元禄六年七月の大聖寺大火により藩邸とともに類焼したという。なお、藩邸御露地は、西村甚兵衛の築庭後に置かれた御露地奉行・御露地御目付・御露地上裁許・御露地御横目などや、割場奉行が管轄する御露地小者によって管理された。

　前三代利常は、寛永一八年（一六四一）の『寛永諸家系図伝』や『前田氏系図』の編纂に際し藩祖利家以来の伝説によって「菅原氏」を自称するとともに、明暦三年（一六五七）には京都北野社を分霊し四分の一の規格で小松城下に天満宮（現小松天満宮）を建造した。また、富山藩祖利次は、寛文五年（一六六五）に富山城下の時宗浄禅寺境内に天満宮（現於保多《おおた》神社）を造営した。さらに、五代綱紀は、元禄一五年（一七〇二）二月の天満宮八百年回忌（菅原道真八百年御祭礼）に北野天満宮（京都）をはじめ、小松天神社・湯島天満宮（江戸）や加賀藩江戸屋敷の御露地天満宮などに家臣らを代参または参詣させた（前掲『加能郷土辞彙』八三一頁および前掲『加賀藩史料・第五編』五五九頁）。ともあれ、三代利直は、元禄一五年二月の天満宮八百年回忌に際し大聖寺藩邸の御露地天満宮を建造する予定であったことは間違いない。

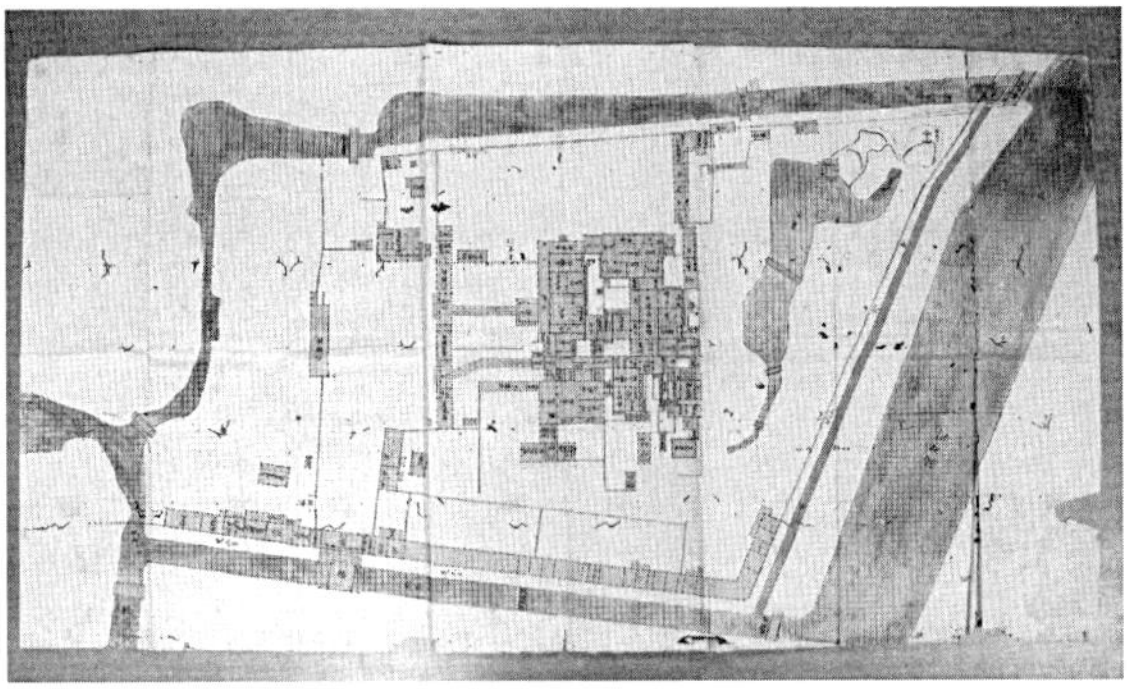

元禄六年以前の「大聖寺藩邸図」（加賀市立図書館蔵）

　大聖寺藩邸の御露地天満宮は、建造された六年後の宝永七年（一七一〇）四月に敷地天神社へ、正徳四年（一七一四）七月には那谷寺不動院へ預けられた。八代利考《としやす》は寛政元年（一七八九）五月から翌年一一月にかけて、那谷寺不動院の地蔵堂に安置されていた御神体を新たに花王院《けおういん》近くに天満宮（那谷天満宮＝奥院九尺四方、拝殿三間一尺四方）を建造して移した。また、享和二年（一八〇二）二月の天満宮九百年回忌（菅原道真九百年御祭礼）には北野天満宮（京都）をはじめ、小松天神社・那谷天満宮・湯島天満宮（江戸）や大聖寺藩邸の御露地天満宮などに家臣らを代参または参詣させた。那谷天満宮の建造後、在国の藩主は、しばしば大聖寺城下の両社（敷地天神社・山下神明社）とともに那谷天満宮を参詣した。八代利考は寛政五年（七九三）八月や同一二年（一八〇〇）二月、九代利之は文化八年（一八一一）三月に、一〇代利極は天保九年（一八三八）正月に那谷天満宮を参詣し、その途次に動橋の橋本家や天日茶屋の大茶屋で休息した。那谷天満宮は明治元年（一八六九）の神仏分離令に伴い翌年二月に御神体と神器が大聖寺藩邸の御露地天満宮に返納（合祀）されたものの、同四年の廃藩置県に伴い再び那谷寺に戻された。同五年一一月には再び御神体と神器が旧大聖寺藩邸の御露地天満宮に復祀され、菅原道真に加え藩祖前田利治を祀って「松島天満宮」（松島社）と改称された。同八年（一八七五）には社殿を改築して「松島神社」と、同一〇年（一八七七）には「江沼神社」と改称された（前掲『加賀市史料六』七一頁、一四五頁、一六〇頁、二〇〇頁および『大聖寺藩史談』石川県図書館協会、七頁、二一頁）。

　川端御亭（長流亭）は、宝永六年一一月に御普請奉行の大井佐五右衛門・田中十左衛門や御大工の棟梁塚本吉右衛門・副棟梁国本小兵衛などにより建造された（『大聖寺藩史』大聖寺藩史編纂会、九五頁）。宝永六年以降天明元年以前の「大

文政元年の「那谷寺図屏風（天満宮部分）」
（加賀市立美術館蔵）

聖寺藩邸図」や明治六年の「松島社絵図」によれば、現在、六畳半二室（上の間・下の間、周囲に一畳の入側あり）から成る長流亭の東面には、明治前期まで十畳一室（三間×二間半）の「建出し」があった。また、長流亭の玄関には、明治初期まで二代利明が延宝七年に築山と池泉の境に建造し、元禄六年の大聖寺大火の類焼を逃れた御亭の玄関に掲げられていた二代利明の扁額「山明亭」が掲げられていた（『加賀市史・通史編上巻』加賀市史編纂委員会、五四三頁）。

長流亭の建造後、藩主らは釣りや詩会・雅楽・茶会などを楽しむ遊興所、本藩の参勤交代時の休憩所、藩主の幽閉所、火災発生時の藩主らの避難所など様々な事柄に利用した。八代利考は、寛政九年（一七九七）七月に詩会を、数年後に雅楽や茶会を開催し、同一一年一一月には前田利純《としずみ》（六代利精二男）や前田利龍《としたつ》（同上四男）と共に長流亭横の河道《こうど》（船着場）で遡上する鮭を「天唐《てんから》」竿を用いて獲った（前掲『加賀市史料七』一二一頁）。九代利之の側室智泉院は、文化一二年（一八一五）頃に利之から許可を得て長流亭で父の金沢鍛冶八幡社神主厚見陸奥守と対面した（前掲『大聖寺藩史』九八頁）。参考までに、大聖寺藩邸の御露地整備過程を第2表に示す。

第2表　大聖寺藩邸の御露地整備

年　代	事　　　項
寛永14年（1637）	西村甚兵衛（御露地造役）が加賀藩主３代前田利常の命により大聖寺藩邸の御露地を着工する。
慶安２年（1649）	西村甚兵衛が大聖寺藩邸の御露地を竣工する。
延宝６年（1678）	御露地内の泉水を瓢池に改造する。
延宝７年（1679）	御露地細工人（前年11月に任命）の塚本吉右衛門（徒組）が２代利明の命により御露地の築山と泉水の境に御亭（山明亭か）を、別の築山に傘御亭を建造する。
元禄６年（1693）	大聖寺大火により御露地の御亭・傘御亭などを類焼する。
宝永元年（1704）	３代利直が御露地の築山に天満宮（天満社）を建立する。
宝永６年（1709）	３代利直が外御露地に川端御亭（長流亭）を建造する。
宝永７年（1710）	御露地天満宮の御神体・御宮を敷地天神社に預ける。
正徳４年（1714）	御露地天満宮の御神体・御宮を那谷寺不動院に預ける。
享保３年（1718）	内御露地に稲荷社を建造する。
寛政２年（1790）	８代利考が那谷天満宮を建造する。
享和２年（1802）	８代利考が菅原道真九百回忌に際し、北野天満宮・小松天神社・那谷天満宮・湯島天満宮・御露地天満宮などに家臣を代参または参詣させる。
明治２年（1869）	那谷天満宮の御神体と神器を御露地天満宮に返納する。
明治４年（1871）	御露地天満宮を那谷寺に復祀する。
明治５年（1872）	御露地天満宮を那谷寺より旧地に復祀し、菅原道真加え藩祖利治を新たに祀って松島天満宮（松島社）と改称する。旧御露地の泉水・築山などを改造する。
明治10年（1877）	松島天満宮を江沼神社と改称する。旧露地の泉水・築山などを改造する。

※『加賀市史料二～七』『大聖寺藩史談』『大聖寺藩史』などにより作成。

(5) 前掲『加賀市史料五』一五～一六頁
(6)『右同』一八～一九頁
(7)『右同』一九頁
(8)『右同』七三頁
(9)『右同』二〇頁
(10)「利昌公織田監物御殺害之終始雑記」(加賀市立図書館蔵)、『秘要雑集』(石川県図書館協会)、前掲『加賀藩史料・第五編』および前掲『国史大系・徳川実紀第七篇』などを参照。
(11) 前掲「利昌公織田監物御殺害之終始雑記」
(12)「右同」
(13)「右同」
(14)「右同」
(15) 前掲『国史大系・徳川実紀第七篇』一〇頁、秋永政孝編『柳本藩織田家記録』(自費出版)七八頁、前掲『加賀藩史料・第五編』八一八～八二三頁および前掲『大聖寺藩の武家文書2』一九五頁

第四章　政治抗争と神谷守応の退藩

一　村井主殿事件

神谷治部元易《もとやす》（神谷家の初代）はもと加賀藩の老臣中川光忠（禄一万一〇〇〇石）の嫡子《ちゃくし》であったが、父が職を辞して京都に去ったため、叔母の婚家神谷守孝《もりたか》に養育された。治部元易は神谷家の名跡を継ぎ、寛永七年（一六三〇）一一月に三代利常から禄三〇〇〇石を賜り、同一六年に藩祖利治が大聖寺藩を分封したとき、附家老として大聖寺に着任し、明暦三年（一六五七）七月二九日に死去した。内膳守政《もりまさ》は寛永一一年に治部元易の嫡子として金沢に生まれ、同一六年に父とともに大聖寺に来住し、明暦三年一一月二日に二四歳で父の禄二五〇〇石を受けて家老となった。元禄一四年（一七〇一）には隠居知五〇〇石を賜って、家督を嫡子伊織（内膳守応《まもまさ》）に譲り、宝永三年（一七〇六）五月二日に七三歳で没した。内膳守政は二代利明の命により各種の事業を行い、市之瀬用水の大改修、新川の開鑿、紙屋谷の製紙業、片野大池の掘抜、矢田野用水の施行、大聖寺川の改修、九谷焼の振興、絹織物の奨励、茶の栽培、樫・竹の植栽など多くの功績を残した。内膳守応は元禄一二年に新知三〇〇石を受け、同一四年に父内膳守政の隠居に伴い、禄二五〇〇石を受けて家老となった。宝永二年には大年寄となって実務を離れ、家老を罷免されて、正徳三年（一七一三）八月には江戸からの帰国中

第１表　神谷家の略系譜

名　前	生存期間	経　　　　歴
治部元易《じぶもとやす》	年代不詳 〜 明暦３年（1657）	加賀藩士の中川大隅光忠の子。 寛永16年（1639）附家老に就任（3000石）。 通称治部。諱之尚、守勝。
内膳守政《ないぜんもりまさ》	寛永11年（1634） 〜 宝永３年（1706）	明暦３年（1657）家老に就任（3000石）。 元禄14年（1701）家老を辞任（隠居知500石）。 通称又助、治部、内膳、兵庫。
内膳守応《ないぜんもりまさ》	寛文11年（1671） 〜 享保２年（1717）	元禄14年（1701）家老に就任（2500石）。 宝永２年（1705）家老を辞任（隠居知500石）。 通称源蔵、伊織、外記、内膳。諱守応、守行。

※「神谷系譜」『大聖寺藩史』『秘要雑集』などにより作成。

に四代利章から金沢で滞留《たいりゅう》を命じられた。その後、同四年七月には赦免、同五年一二月には隠居を命じられて隠居知五〇〇石を受け、享保二年（一七一七）五月朔日に四七歳で死去した。(1)

村井豊後守長頼《ながより》は弘治二年（一五五六）より藩祖利家に仕え、天正一二年（一五八四）の末森《すえもり》合戦で戦功をあげ、文禄元年（一五九二）に禄一万一二〇〇石余を賜り、慶長一〇年（一六〇五）に死去した。長頼の弟理兵衛は二代利長に仕えて禄二〇〇石を受け、寛永一六年（一六三九）に藩祖利治が大聖寺藩を分封したとき、小姓として藩祖利治に仕えた。理兵衛の孫三叔《みよし》も藩祖利治に仕え、名を主殿《とのも》（初代主殿）と改めて晩年に家老となり、二代利明の治世にも禄一〇〇〇石の家老を務めて、寛文一一年（一六七一）に死去した。初代主殿には子がなかったので、妹の子宮井覚太郎が養子となって同じく主殿（二代主殿）を名乗った。二代主殿は禄三〇〇石をもって二代利明に仕え、三代利直にも禄一一〇〇石の家老として仕えたのち、宝永七年（一七一〇）一二月二七日に切腹を命じられた。(2)二代主殿は怜悧《れいり》な頭脳で、槍術（正智流）

や和歌・茶湯に優れた教養人であった。和歌は京都の冷泉家で学んだが、歌よりもその書を高く評価されたという。とくに、茶道の造詣が深く、たびたび茶会を催し、三代利直に茶を振舞い、茶杓を自分で作るほどであった。(3) ただ、二代主殿は三代利直の君寵《くんちょう》を得て出世するにつれて、贅沢な生活を楽しみ、自分に迎合するグループを重用したり、不正を行ったり、やがて没落の一路を辿ることになった。

神谷内膳守応は元禄一四年（一七〇一）の内膳守政の隠居処置に対し、内心不満をもちながらも、藩内家老の随一として職務についていた。神谷家の禄高は、減知後でも他の家老に比べて二倍以上であった。ところが、内膳守応は宝永二年（一七〇五）一二月に村井主殿の陰謀によって、家老職を免ぜられ「大年寄《おおどしより》」を申し

市ノ瀬用水取入口（加賀市別所町）

第２表　村井家の略系譜

名　前	生存期間	経　　　歴
初代主殿《とのも》	年代不詳 〜 寛文11年（1671）	加賀藩士の村井豊後守長頼の弟理兵衛孫三淑。 藩祖利治の晩年、家老に就任（1000石）。 通称三淑、主殿介、主殿。
２代主殿	年代不詳 〜 宝永７年（1710）	初代主殿の妹の子宮井覚太夫。 ３代利直の治世（元禄末）、家老に就任（1100石）。 宝永７年（1710）切腹。通称覚太夫、主殿。

※「大聖寺村井家記」『大聖寺藩史』『秘要雑集』などにより作成。

付けられた。年寄は家老の意味であり、大年寄は家老の主席すなわち「家老上座」といい、名誉職に過ぎなかった。その内実は家老の月当番を免除し、藩邸が火事でも出仕に及ばずということで、全く政治から遠ざけられた。この策略に対し、内膳守応はもちろん、生駒・山崎・一色らの家老も大いに憤慨したものの、誰も二代主殿の勢威を恐れて反対の意を示さなかった。[4] このとき、二代主殿は内膳守政・内膳守応親子のほか、梶原左太夫・松原嘉藤次・高橋十郎左衛門なども政治から退けた。梶原左太夫は槍術（梶原流）の達人、松原左太夫は剣術（心陰流）の達人であり、高橋十郎左衛門は山鹿流の兵学者であったという。[5]

こうした情勢のなかで、宝永七年（一七一〇）二月に村井主殿をはじめ、グループをなす村井派が一挙に切腹や追放を命じられる大事件が勃発した。上席家老神谷内膳守応、御目付南部五兵次、御用人原孫助・山本新蔵は、二月一四日に登城した二代主殿を頭番所に同道して、三代利直の上意書を手渡した。[6] 二代主殿はすぐに人持詰所に押し込められ、野尻軍右衛門ら五人が警戒するなか、間もなく家老佐分舎人方に護送・拘禁された。藩では藩士の総出仕を命じ、二月一四日に藩主自筆の布告を

読み上げて一般に周知させた。(7)

三代利直は、二代主殿が恩を忘れて贅沢を極め、役儀を笠に着て家中の人々を無視し、格式を考えず気伿に同調者を重用し、後用金（予備金）まで持出し遊興に消費したため、このままでは領民までが自分を恨むようになると考えて家老佐分舎人に預けたようだ。二代主殿の妻・倅・娘、石黒市郎右衛門、西尾喜左衛門、広瀬源左衛門、石黒以下三人の妻もそれぞれ藩士方や本町の慶徳寺に預けられ、ほかに広瀬源左衛門の弟岡崎権太夫、同津田與一右衛門、青山新右衛門、山本太郎左衛門、内田與左衛門、二代主殿の弟宮井十兵衛、二代主殿の姪聟《めいむこ》中沢久兵衛、二代主殿の姉聟《あねむこ》村井六右衛門など八人が近親関係で遠慮《えんりょ》（自宅謹慎）を命じられた。山本太郎左衛門と村井氏や、青山新右衛門と石黒氏との関係は明確でないが、青山氏に石黒氏の妻が、山本氏に二代主殿の妻が預けられたためという。

右のように、三代利直は家臣を召して布告するとともに、加賀藩の指令を仰ぐため、神谷内膳守応を直ちに金沢に派遣した。内膳守応は宝永七年二月一四日に発足、一五日に金沢城に登城して三代利直の言葉を伝え、加賀藩主五代綱紀から今後の処置を仰いだ。(8) 翌日、五代綱紀は二代主殿に切腹、石黒・広瀬に打首を命じた。三代利直はなお不安だったのか、二月二六日に至って内膳守応に命じ物頭以上に三人の刑について諮問させた。(9) その結果、三代利直は二月二七日に直筆の布告を発したうえで、次のような処分を断行した。(10)

二代主殿は切腹、御用人石黒市郎右衛門、会所奉行広瀬源左衛門の二人は打首、西尾喜左衛門は越

前国に追放および家財闕所《けっしょ》、宮井十兵衛・村田六郎右衛門・津田與一右衛門の三人は追放、内田八右衛門・内田織部・内田與左衛門・津久見清八の四人は御暇《おいとま》（致仕《ちし》）、小原武左衛門・山田與三太夫・松平仙平の三人は扶持放れ、西尾武兵衛・西尾伴之丞・石黒平七・足軽杉本清右衛門の四人は追放、手塚與左衛門・中村伝七・佐藤與三左衛門ら一三人は御暇、二代主殿伜覚太夫は切腹となった。このほか、石黒市郎右衛門の甥の清水伊右衛門兄弟も越前吉崎村に追放された。清水兄弟は石黒の妹が清水太左衛門（一〇〇石）に嫁ぎ、生まれた子であったという。兄伊右衛門は越前吉崎村で船乗りとなり、赦免後に再び大聖寺に帰り、京町で煙草商を営み、弟は吉崎本光寺の住職になったという。

二代主殿や石黒・広瀬などは、いかなる罪科をもって処断されたのだろうか。「神谷文書」によれば、二代主殿は藩祖利治が父利常から配分された後用金を江戸に送らせ、勝手に吉原などで消費したことや、京都で藩が商人から借入れた一万両のうち九〇〇〇両を島原（三五日間）で使い果たしたことを、石黒は目付役として京都に同行しながら主殿と一緒に遊興したことを、広瀬は後用金を保管する土蔵奉行でありながら、主殿に同調してその消費を助けたことを叱責された(11)。その他の人々は村井家の親戚縁者か、仕事のうえで深い関係にある者で、村井一類といえる人々であった。こうした濫費《らんぴ》が発覚しなかったのは、家老山崎権丞・生駒源五兵衛・一色五左衛門らが後用金入用のときに確認せず、二代主殿が一人で勝手に捌いていたためであった。これは前年秋から暮まで工事をした際に、費用が予定より高額過ぎるため奉行を取調べたところ、二代主殿の命により銀子を過分に書き上げたことが発覚したという。

二　神谷守応の退藩

三代利直は宝永七年（一七一〇）三月に江戸に参勤したのち、同年一二月一三日に江戸藩邸において三九歳で病死した。正徳元年（一七一一）正月に就封した四代利章は、同三年八月一五日に江戸を発足し、二五日に金沢の浅野屋（本陣）に到着したのち、金沢城に出向いて就封の挨拶をし、二六日夜に金沢を発して二七日早朝に大聖寺に帰着した。このとき、上席家老の内膳守応は、四代利章の意により大聖寺に帰らず、金沢に滞留するように命じられた(12)。

御自分儀、役儀御断之趣、備後守様より被及御内談候。依之役儀被指除候。ケ様に同役之面々初、違逆被仕候儀、却而備後守様為不可然、不調法千万被思召候。先逼塞被仕可被罷在旨御意に候。備後守様直に御発駕被成候故、於此方被仰渡候様被成度旨に付而、委細被遂示談、只今申渡候様被仰出候。

此上御尋之儀可有之候間、先御当地被罷在候様被仰出候。左候へば被罷在候所、可相渡候間、其内は旅宿に被為逼塞、穏便被罷在可然候。

内膳守応は八月二六日に金沢の旅宿で御用番の書面によって、金沢城の越後屋敷への出頭を命じられ、本藩の家老七人が列座するなかで、御用番の奥村内記から家老職の免除を言い渡された。神谷家は加賀藩からの附家老であり、大聖寺藩が家老を罷免したのだから、元の加賀藩に帰るのは当然であった。加賀藩主五代綱紀は八月一一日に江戸を発足し、二〇日に宿泊先の越中魚津で大聖寺藩士の不穏な動きに関する報告を聞いて二二日夜に金沢城に帰ったものの、何の落度によるものか充分把握できず、まずは逼塞《ひっそく》（自宅謹慎）を命じたようだ。

これ以前、四代利章の江戸発足と同時に、大聖寺城下では藩士らが集合して内膳守応の排斥を協議していた。江戸後期の『一蓬君日記抜書《いちぼうくんにっきぬきがき》』によれば、八月一五日と一六日には家臣十数人が組頭宅や物頭宅に集合し、内膳守応排斥の論議を交わしており、藩士の中には内膳守応が帰国したとき、敷地の入口で斬殺しようとする者もいた。注目したいことは、内膳守応排斥の集会が物頭岡崎権太夫宅でも行われたことである。権太夫は内膳守応によって斬殺された広瀬源左衛門の弟であった。また、野尻與三左衛門は平生から内膳守応と親交があって、いわゆる神谷党とみられていたが、内膳守応排斥の一人となっていた(13)。

内膳守応排斥の原因は何であったのだろうか。「神谷文書」によれば、第一は内膳守応が藩から藩士に貸付けた拝借金の返還を強要したためであり、藩士らは猛烈に反対した。拝借金は参勤交代などで藩から借り受けたものであり、当然、藩に返還しなければならないものであった。内膳守応は一時に返還できなければ年賦など、何か方法を考えて必ず返還することを強要したが、他の家老や藩士らは誰一人としてそれに応じなかった。藩士らは藩が財政不足を理由に正徳元年（一七一一）から行った「借知《しゃくち》」（借上《かりあげ》・半知《はんち》）に対する不満があって、内膳守応の言になかなか従わなかった。(14)

いま一つ、村井党の反撃があった。前述のように、内膳守応排斥の藩士らは岡崎権太夫宅に集合して村井派の糾合を計画しており、中には内膳守応が帰国したら敷地の入口で殺害しようといきまく者もいた。彼らは拝借金で内膳守応の評判が悪いのに乗じ、一気に失地回復にでたようだ。こうした状況のなか、四代利章は金沢城下で一泊して本藩と相談し、内膳守応の安全と大聖寺城下の騒擾《そうじょう》を未然に防ぐため、内膳守応を金沢に残すことを決めた。同時に、加賀藩主五代綱紀は内膳守応排斥運動を起こした大聖寺藩士らを監督すべき家老らの責任を問い、同三年九月五日に家老佐分舎人・生駒源五兵衛を越後屋敷に召喚《しょうかん》して誓詞を出させた。(15)その後も、同月一四日に家老山崎権丞、同月二八日に深町治左衛門・山本宮内ら五人、一〇月二日に中沢久兵衛・渋谷勘平ら四人、同月七日に野尻與三左衛門・高木勘解由ら四人、同月一六日に岡崎権太夫・菅谷太夫両人を越後屋敷に召喚して誓詞を出させた。(16)

加賀藩主五代綱紀は正徳四年（一七一四）三月に至って、加賀藩から家老前田修理、公事場奉行伊藤平右衛門、御徒頭青地弥四郎の三人を派遣して、大聖寺藩の家中に諭告した。(17)ただ、根本的な原因は藩士の窮乏にあったため、藩士を救済しなければ解決にはならなかった。そこで、加賀藩は同年七月に大聖寺藩士の了解を得て、借知去年分は残らず返済、今年分は半分返済、来年分よりは全部返済、また貸付金は年賦無利息にて返納、江戸在府中の扶持増額などと決めて、問題を完全に解決した。[18] なお、参勤交代や長期の出張に備えた「六斗《ろくと》除米《のけごめ》の制」（一〇〇石に六斗の割合で給料から除く）は、八年後の享保七年（一七二二）九月から始まった。

内膳守応は逼塞中、近江町の木村屋弥兵衛方、味噌蔵町の大野木舎人屋敷（借家）、松原兵助屋敷（上り屋敷）などに居住して謹慎の意を表した。その旅宿・屋敷の門には足軽両人が詰めて警戒し、御大小将横目の永原弥平太と茨木覚左衛門が交替で巡廻した。[19] 内膳守応は正徳四年七月一九日に逼塞を赦免され、同五年九月に加賀藩の家老から越後屋敷で隠居を命じられた。倅太郎助（一三歳、のち蔵人守周《もりちか》）は同年一二月に加賀藩の家老から家督相続を命じられ、知行知一〇〇〇石（のち一五〇〇石）を給せられた。このとき、内膳守応は隠居知として五〇〇石を給せられた。享保元年（一七一六）正

神谷守政の寄進灯籠
（実性院墓地、加賀市大聖寺下屋敷町）

月には金沢に出向き、内膳守応とともに金沢城に登って、年寄衆・家老役列座のもと御用番前田近江守から知行知一〇〇〇石と隠居知五〇〇石を正式に申渡された。同年二月には味噌蔵町の寺西左平太屋敷（借家）に移り、同月二二日には内膳守応の妻や子供四人（男二人、女二人）もここに引っ越した。[20]なお、治部元易・内膳守政など先祖一族の墓は、享保元年（一七一六）九月に大聖寺城下から金沢の野田山に改葬された。[21]

註

（1）「神谷系譜」『飛騨守様系譜』『御系譜』（金沢市立玉川図書館蔵）などを参照。江戸後期の『一蓬君日記抜書』によれば、内膳守政は元禄九年（一六九六）に久津見甚七の倅次郎兵衛が友人の刀のを盗んだとき、三代利直が在府中であったためか、独断で次郎兵衛を死罪に処した。藩士の断罪は藩主が直裁するものであり、いかなる権臣であっても実施することはできなかった（拙編『大聖寺藩の武家文書2』北陸印刷、一四一頁）。なお、神谷氏の屋敷は大手先（旧加賀市民病院）にあり、東側が小溝を境とし一色五左衛門宅（八五〇石）、斎藤玄碩宅（二〇〇石）、山本新次宅（三〇〇石）に、西側が道路を隔てて藩邸に、南側も道路を隔てて脇田帯刀宅（二〇〇石）に、北側が大聖寺川に接していた。また、その下屋敷は山ノ下寺院群（大聖寺下屋敷町）の蓮光寺横にあった。

（2）「大聖寺村井家記」「村井又兵衛之覚書」『飛騨守様系譜』『御系譜』（金沢市立玉川図書館蔵）などを参照。

（3）前掲『大聖寺藩の武家文書2』一五二頁、一五六頁、一六四頁～一六六頁。前掲『一蓬君日記抜書』によれば、二代主殿は元禄一一年（一六九八）四月一四日に江戸の下屋敷で茶会を催し三代利直を、翌年五月に江戸の自宅で茶会と酒宴を催し内膳守応を招待した（前掲『大聖寺藩の武家文書2』一五二頁、一五六頁）。なお、村井氏の屋敷は八間道から仲丁（仲町）に及ぶ広大なもので、西側が土田源之丞宅（三〇〇石）に接し、南側が片原町を境としていた。

（4）『右同』一八八頁

（5）『秘要雑集』（石川県図書館協会）一四頁、四八～四九頁

（6）前掲『大聖寺藩の武家文書2』一九八頁

（7）『加賀藩史料・第五編』（清文堂）八七五～八七六頁および前掲『秘要雑集』四三～四五頁

（8）『大聖寺藩史』（大聖寺藩史編纂会）一〇八頁

（9）前掲『大聖寺藩の武家文書2』一九九頁

(10) 前掲『秘要雑集』四四〜四五頁および前掲『加賀藩史料・第五編』八七九〜八八一頁
(11) 前掲『大聖寺藩史』一一〇〜一一一頁
(12) 『右同』一四四頁
(13) 前掲『大聖寺藩の武家文書2』二一一頁
(14) 前掲『大聖寺藩史』一四六頁
(15) 前掲『加賀藩史料・第五編』九八七〜九八八頁
(16) 前掲『大聖寺藩の武家文書2』二一二〜二一三頁
(17) 前掲『加賀藩史料・第六編』八頁および前掲『大聖寺藩の武家文書2』二一四〜二一五頁
(18) 『右同』一三頁
(19) 前掲『大聖寺藩史』一五一頁
(20) 『右同』一五五頁
(21) 『右同』一五六〜一五七頁

第五章　百姓一揆と未遂事件

一　正徳一揆

百姓一揆は近世初期の村役人らによる直訴や、近世末期の豪農宅や商人宅を打ち毀す世直し一揆、さらに明治維新以降に起こった農民一揆も含めれば、約二九〇年間に三七〇〇余件が起こった。その原因には、領主の増税や重課役に対する不満、隠田の摘発や入会地の検地に対する不満、専売制度などに対する反対、農村に進出した商人への抵抗、質流地の返還要求、地主・小作人の対立、凶作・飢饉などによる慢性的な生活苦などがあった。その形態には近世前期（一七世紀）の代表越訴型一揆、同中期（一八世紀）の惣百姓一揆、同後期（一八～一九世紀）の世直し一揆などがあり、天明・天保期に頻発した世直し一揆が最も多かった。代表越訴型一揆は村役人が村人を代表して年貢の減免、検地・増税や助郷役《すけごうやく》などに反対し、また代官などの悪政を幕藩領主に愁訴《しゅうそ》・越訴《おっそ》（直訴）したもので、小規模なものが多かった。惣百姓一揆は領主の年貢の増免、労役・課役の過役に対して、また問屋の統制撤廃や質流地の返還を要求して、全村の農民が名主らを代表として越訴・強訴したもので、大規模なものが多かった。世直し一揆は地主層・貧農層が歩調を合わせて年貢減免や国産会所・藩専売制に反対して、藩権力・特権商人の統制・収奪に反対したものと、中小農民層が村役人・豊農・豊商な

どを襲撃したものとに分けられた。(1)

加賀藩では正徳二年（一七一二）八月一〇日、北陸地方に吹き荒れた暴風（西風）により三〇〇〇戸の家々が倒壊し、稲の被害も四〇万石と推定された。このような凶作のとき、藩主（領主）は「立《たち》毛見立《げみたて》」（立毛検分）といって稲作被害の実態調査をして、年貢を免除したり、免（税率）を引き下げたりすることになっていた。ところが、加越能三ヵ国では一八〇〇余の村々が見立願を出したものの、六〇〇余の村々では調査さえされなかったため、一部の農民らは御算用場に詰めかけたり、村肝煎宅を打ち毀したりした。(2)

加賀藩士の津田政隣《つだまさちか》が文化一一年（一八一四）に著した『政隣記《せいりんき》』によれば、大聖寺藩では正徳二年九月一八日から大目付の堀三郎左衛門、郡奉行の守岡新右衛門門・前川宇右衛門、郡目付斎藤四兵衛、那古屋作左衛門の役人と目付十村の右村新四郎・小塩辻村文兵衛、組付十村の島村五郎右衛門・分校村半助・保賀村宗左衛門・山中村清兵衛・大聖寺町平野屋五兵衛・片山津村次郎兵衛らが立毛の見立（検査）を始めた。しかし、減免はごくわずかであったことから、怒りは郡内全域に広がった。(3)減免措置を不満とした農民らは一〇月四日・五日夜に矢田野村の「福《ふく》原《ら》の宮」（現刀何理《とかり》神社）に集合して、立毛見分の役人を襲い強訴する計画を立てた。一〇月六日の深夜、農民数百人は役人と十村役が宿泊していた那谷寺の不動院と那谷村の肝煎権四郎宅を襲い、公用の書類や家財道具を焼いた。役人五人は大功谷近くの三光院に落ちのびたのち、那古屋作左衛門を大聖寺藩邸に派遣して事態を報

第1表　大聖寺藩の百姓一揆

	年　代	地　域	形　態	出　典
1	寛文6年（1666）	江沼郡吉崎村	強　訴	聖藩年譜草稿
2	正徳2年（1712）	江沼郡全域	一　揆	加賀藩史料・大聖寺藩史
3	元文元年（1736）	江沼郡大聖寺町	強　訴	大聖寺藩史
4	宝暦6年（1756）	江沼郡弓波村	不　詳	大聖寺藩史
5	明和5年（1768）	江沼郡吉崎村	打　毀	加賀藩史料・大聖寺藩史
6	安永9年（1780）	江沼郡毛合村	未　遂	大聖寺藩史
7	年代不詳（文政期）	江沼郡奥山方	未　遂	大聖寺藩史
8	文政12年（1829）	江沼郡上河崎村	未　遂	聖藩年譜草稿
9	明治4年（1871）	江沼郡全域	一　揆	大聖寺藩史・石川県史料

告させた。翌七日朝、残り四人は菩提村から那谷村に戻ろうとするところを大功谷の小丘で農民らに包囲され、右村新四郎を中使いにして免切《めんきり》の集団交渉が行われた。往復数度の結果、農民らは「四分は年貢、六分もらい」（六割減免）の証文を役人四人に書かせた。(4)

児玉仁右衛門が宝暦一二年（一七六二）に筆写した『那谷寺通夜物語』には、①七日朝、大聖寺藩から那谷村に派遣された勘定頭二人・大目付一人と足軽三〇人らが那谷寺の花王院で一揆勢数千人の村肝煎らと交渉し、ここでも「四分は年貢、六分もらい」（六割減免）を農民らに確約したこと、②同日夕、農民らが串村の茶問屋甚四郎宅を襲い、家財道具や商品を外へ放り出して燃やしたこと、③翌八日朝、各村肝煎が勅使村の願成寺で評定を行ない、与荷奉公人《よないほうこうにん》御止《おとめ》、種物初尾《たねものはつお》御免《ごめん》、串茶問屋御免、金沢物紙問屋御免、新高免御免、小沢免御免などを決定したこと、④同日夜、農民らが山代村の元目付十村河原屋安右衛門宅と山中村の元組付十村堀口猪右衛門宅を打ち毀したこと、⑤九日昼、農民らが大聖寺町の紙問屋兼塩問屋である十村平野屋五兵衛、山田町領の肝煎扇子屋三兵衛、徳田清兵衛などを潰すという風聞が立ったこと、⑥同日夕、農民らが庄村の絹問屋餅屋彦右衛門宅と京屋茂左衛門宅や、小塩辻村の組付十村鹿野源太郎宅と鹿野文兵衛宅、滝ヶ原村の肝煎善九郎宅などを襲撃する風聞が立ったことなどを記している[5]。

大聖寺藩は八日に加賀藩に、九日に在府中の四代利章のもとに報告の使者を派遣した。一一日、本藩の足軽頭二人と馬廻頭一人が足軽一隊を連れて大聖寺に到着したものの、一揆が終焉していたのでその日のうちに引き返した。その後、大聖寺藩は本藩との協議に基づき、一一月九日になって十村一同を呼出して、「米はあり次第に納めよ、残りは御貸米にする」と申渡し

旧勅使願成寺（加賀市勅使町）

第２表　正徳一揆の動向（正徳２年）

月　日	動　　　　　　　　　向
８月10日	暴風のため田畑被害
８月下旬	農民の減免要求
９月18日	被害調査（上木・永井・瀬越・吉崎・塩屋・蛇嶋） 　前川宇右衛門・守岡新右衛門・堀三郎左衛門・斉藤四兵衛 　那古屋作左衛門・右村新四郎・小塩辻村文兵衛・小分校村半助 　島村五郎右衛門・保賀村宗左衛門・山中村清兵衛・平野屋五兵衛 　片山津村次郎兵衛
９月27日	被害調査（山代村泊り）
９月28日	被害調査（庄村泊り）
９月29日	被害調査（片山津村泊り）
10月１日	被害調査（雨天中止）
10月２日	被害調査（雨天中止）
10月３日	被害調査（片山津村泊り）
10月４日	被害調査（島村泊り） 農民100人余が矢田野村の宮に集合
10月５日	被害調査（小分校村泊り） 農民100人余が矢田野村の宮に集合（役人の襲撃を決定）
10月６日	被害調査（那谷村泊り） 　権四郎家（守岡・堀・斉藤・那古屋）、不動院（前川） 　太郎兵衛家（新四郎・文兵衛）、次郎助家（十村４人・足軽３人） 農民大勢が役人・十村らを襲撃（11時過ぎ）
10月７日	農民が守岡・堀・斉藤・新四郎を菩提で拉致→四割年貢を承認 那古屋・十村・足軽が大聖寺に、十村４人が分校村に脱出 勘定頭・大目付・足軽30人が出動→茶問屋・紙問屋の廃止を検討 農民が串村甚四郎家（茶問屋・絹問屋）を襲撃
10月８日	村役人が勅使願成寺に集合→誓約連判証文を作成（庄村吉兵衛） 農民が河原屋安右衛門家（山代）・堀口猪右衛門家（山中）を襲撃 農民が鹿野源太郎家・平野屋五兵衛家・徳田屋清兵衛家を襲撃計画 家老が金沢に那谷の状況を報告、福島軍兵衛を派遣
10月９日	堀三郎左衛門が江戸家老の神谷外記に注進ため出発 　前田綱紀・前田利章が幕府に報告
10月10日	家老佐分舎人が金沢に出発
10月11日	加賀藩士が大聖寺到着
10月12日	鉄砲足軽など45人が領内を警備（２組）
11月２日	家老・勘定頭・会所奉行が金沢で年貢収納率を決定
11月９日	十村が年貢率を農民に連絡→農民が不承諾
11月28日	御用所の通達→農民が承諾
12月12日	農民が動橋川の鮭小屋（あど小屋）を焼く
翌 年 春	権四郎が張本人として斬殺 農民13人が喧嘩・博打の罪名で斬殺、上河崎村小右衛門が牢死 塩問屋・紙問屋・茶問屋・絹問屋などを廃止

※「土民騒乱記」「農民傲訴記」「那谷寺通夜物語」などにより作成。

た。しかし、農民たちは四分六分という証文に合点せず、結局はわずかしか上納しなかった。藩は一一月二八日にいたって一万四三八一石余の貸米と、免税二〇〇五石余にするという御触を村々へ出した。村方の不足米は一万一九〇〇石余としており、ほぼ要求が受け入れられたといえよう。翌年春、藩は張本人とされた那谷村の肝煎権四郎をはじめ首謀者らを検挙したが、その罪名は喧嘩・博奕・親不幸など別件での逮捕であった。[6]

このように、正徳一揆は大聖寺藩で起こった一揆や打ち毀しのなかで、その参加人員の多かったこと、行動範囲の広大であったことなど、最も規模の大きなものであった。参加人数が極めて多かったのは、「山方八〇か村は各家に一人宛、その他は一五～六〇歳の男残らず」

那谷寺不動院（現金堂華王院、小松市那谷町）

と定めて、不参加の村は焼込めにするという強制を伴っていたためであった。また、この一揆はほとんどの百姓一揆が失敗に終わっているのに対して、農民側の成功となっていること、首謀者が発覚しないほど統制がとれていたこと、農民が常に活動の主体であって、十村は終始藩の側に立ち、村肝煎などは慰撫《いぶ》または傍観的態度であったことなど、真の農民自体の反抗であったことが注目される。さらに、大聖寺藩の経済組織であった専売制の塩問屋をはじめ、紙問屋・茶問屋・絹問屋・炭問屋などを廃止させ、その後十数年に亘って生産者から消費者への直接販売が行われたことも意義がある。

二　毛合村《けあいむら》事件

安永九年（一七八〇）一一月一八日には、毛合村事件（一揆未遂事件）が発覚した。この一揆未遂事件の経緯を同年に藩の役人が書き留めた「毛合村一件留帳」によってたどってみよう。(7)

この年、稲の生育は初め順調であったが、盆の頃から「こぬか虫」が付いて不作をまぬがれなくなったため、多くの村々が見立願を藩に提出した。藩では、九月一〇日から二二日まで横目二人、目付十村二人、組付十村四人らが見立を行った。しかし、減免の願いはかなえられず、代わりに八六ヵ村に対して御救米・奉行才覚米など計五〇〇〇石の給付が申し渡された。この額はあまりに少なすぎて、領内農民の困窮は目に見えていた。

一一月一八日、山代新村の十村平兵衛は「ふしぎ成ル状」が近村に廻っていることを知り、その内容に驚いた。それは中代・山代・桂谷・小坂・尾俣・菅生谷・塔尾・柏野など二九ヵ村の名を輪の形に書いた村送り状（廻状）で、「大不作、何共皆済仕候様も無御座候、然ハ廿一日より廿四日迄大正持、奉公口きゝに罷出可申候、左様相心得可申候、若とゝこり村有之候ハバ耳入り可有候、此状早速末々へ相廻し可申候、若々とめ置候ハバ存寄御座候、はやはやはや」と書かれていた。十村平兵衛は早速、郡奉行に届けるとともに山中村の十村源兵衛にも知らせた。また、北浜でも前日から同じ風聞が立っていたので、郡奉行はその夜のうちに御用所にその旨を届けた。

一九日夜、小塩辻村の十村鹿野小四郎は黒崎・片野・右・福田・細坪・熊坂・曽宇など二七ヵ村に廻った廻状の写と、馬場・佐美・蓑輪・箱宮・二梨・下粟津・嶋など二四ヵ村に廻った廻状の写を郡奉行に届けた。二〇日、勘定頭二人・郡奉行二人・郡横目二人などは、藩邸内の御算用場において対策のための評定を行った。十村らの意見は、「正徳一揆の時は事前に農民の不穏な情勢があったが、今回はそれがみられないので大事にはならないだろう」ということであった。しかし、藩は二一日に月津興宗寺・打越勝光寺・庄勧帰寺・勅使願成寺などの不意の鐘を合図に一斉に蜂起するという風評が入ったので、割場足軽数十人を各村に急派して釣鐘を取り外させた。

二二日、十村らは廻状の廻り順を逆にたどって出所をつきとめたところ、動橋村小走り太郎兵衛宅に毛合村長右衛門が投げ込んだことが判明し、同日に長右衛門を逮捕した。二三日、山中村の十村源兵衛・山代新村の十村平兵衛二人が郡奉行伊東小左衛門宅で彼を尋問したところ、毛合村源六と津波倉村嘉右衛門が張本人であることを白状した。二四日、郡奉行二人・十村五人は詮議場所を御宅役所から御算用場に移し、二三日夜までに逮捕した長右衛門・嘉右衛門・富塚村甚兵衛などを尋問した。二五日午前、中嶋村三右衛門（源六の兄）と源六の妻子が役所に呼び出された。同日夜、逃亡していた源六をはじめ、毛合村武兵衛・同村小走り権右衛門・同村肝煎次郎右衛門・動橋村小走り太郎兵衛らが逮捕された。

毛合村源六は年貢が納められないので、一〇月二五日にその工面に出かけた帰り津波倉村嘉右衛門を訪ねて廻状の執筆を頼んだ。源六は嘉右衛門に執筆を断られたが、一一月一五日と一六日に毛合村長右衛門とともに再び嘉右衛門を訪ねて頼み込み、一七日に廻状三通を受け取った。二通はその日のうちに動橋村小走り太郎兵衛と毛合村小走り権右衛門に渡し、もう一通は一九日に高塚村小走り市兵衛に渡したという。また、源六は役人らの尋問に際し、おまえは小高持だから我が身のためにこのような企てはしないはずで、他にも同志がいたであろうと聞かれたのに対し、長右衛門と二人だけで企て、他に申合せた者は一人もいないと答えた。嘉右衛門は無高で歩行不自由なため、妻が奉公に出ていたという。

この一揆未遂事件の処分は次のようであった。毛合村源六・同村長右衛門・津波倉村嘉右衛門とその親子兄弟は、幼児をもつ源六の妻と大病の源六の養父を除いて縮《しま》りを仰付られ、家財道具の闕所（没収）を命じられた。また、動橋村肝煎久兵衛・分校村肝煎清三郎・作見村肝煎治左衛門・川尻村肝煎長四郎・梶井村肝煎四右衛門・毛合村肝煎次郎右衛門・高塚村肝煎長左衛門らは、廻状受渡しに不審ありとして一時縮りを仰付られた。源六・長右衛門・嘉右衛門に対する判決は明確でないが、源六は五年後の明和四年（一七六七）に破牢を企て、失敗して自殺した。死体は塩漬けにされたうえで梟首にされたという。なお、毛合村武兵衛・同村小走り権右衛門・冨塚村甚兵衛・動橋村小走り太郎兵衛・高塚村小走り市兵衛らは、縮り御免を仰付けられた。

三　蓑虫《みのむし》一揆

大聖寺藩は慶応三年（一八六七）の大政奉還、明治二年（一八六九）の版籍奉還などを経て、同四年（一八七一）の廃藩置県によって大聖寺県となった。一四代利鬯は廃藩置県と同時に知藩事を免ぜられ、東京に移された。ここに二三〇年余続いた大聖寺藩は姿を消し、前田家と江沼郡との封建関係が終わった。大聖寺県では、同四年一一月二四日・二五日（新暦一二月六日・七日）に正徳一揆の規模に匹敵する蓑虫《みのむし》一揆（蓑虫騒動・明治一揆）が起こった。地元の人々は胴みのを着た農民の姿が蓑虫に似ていたので、主に「蓑虫一揆」と呼んだ。まず、元大聖寺県から石川県の史官に宛てた具状《ぐじょう》を基に蓑虫一揆の経緯をみよう。[8]

分校村太助・理与門・六平・重蔵らは、村々の衆望《しゅうぼう》を負って「屎物高価ニ付拝借米相願」を出したものの、県当局に聞き届けられなかったため、年貢収納期が迫るなか、寄合を開いて「一揆を起こし直接示談すべき」ことを決定した。このとき、理与門は租税掛附属の中島村の中谷宇平宅と菅波村の開田九平次宅を打ち毀すことを提案し、その煽動の廻状を書いた。重蔵は、最初同意しながらも途中で打ち毀しに反対する態度をとったという。県当局も「十一月廿四日農民共相企、元租税係附属菅波村住開田九平次・中嶋村住中谷宇三郎へ遺恨有之、家作破却可致風説有之旨」と開田宅・中谷宅への打ち毀しを察知して、「所々探索遂吟味」と一揆の探索を始めた。しかし、二四日の夜には農民らが打越勝光寺の門前に集合し、中島村の中谷宇三郎（宇兵衛・宇平）宅と菅波村の開田九平次宅を打ち毀した。[9] 二五日の午前には農民一〇〇〇人ほどが大聖寺町に向かう途中、敷地村端で権大参事大幸清問らと出合い、「屎物代相救ひ」「十村相廃止」などを要求したので聞き届けて退散させた。同日の午後三時頃には再び農民らが菅波村に集合し、大聖寺町に押入ろうとしたので大参事青池《あおいけ》政順《せいじゅん》・少参事稲垣《いながき》譲《ゆずる》らが兵を率いて敷地村まで出張し、歎願を聞いたうえで再三説諭して一〇時頃に退散させた。その後、大聖寺町の裏手から押入った農民らが租税掛倉知喜平宅や屎物商林清一らを打ち毀したので兵を出したところ、農民らが横合より槍などで乱暴したのでやむなく発砲し一人を討とめ、三

第３表　蓑虫一揆の動向（明治４年）

月　日	動　　　向
１月中旬	農民の増銭納願（米銭の換算率問題） 　　農民の屎代助成要求（前年）
２月中旬	租税掛が石代銭納の相場（37貫文・43貫文）を承認
７月下旬	前田利鬯が家禄の半分を借財に適用（廃藩置県）
11月24日	農民300人が打越勝光寺の門前に集合 農民が開田九平次家（租税掛附属）・中谷宇三郎家（同）を襲撃 　　租税掛倉知喜平家も襲撃
11月25日	農民1000人が大聖寺に出発 権大参事逢坂長太夫が穂の宮で三:ヶ条を承認（午前） 大参事青地政順・少参事稲垣譲が七ヶ条を承認（午後） 　　権小属会計係本山新八が自殺 農民が租税掛倉知喜平家・林清一（屎物問屋）を襲撃（夜） 大聖寺県が発砲して鎮圧（１人死亡、３人負傷）
11月26日	農民が郡内の問屋を襲撃
12月上旬	上分校村重蔵・理右衛門・敷地村半助等８人を逮捕 　　重蔵（３年禁固）、理右衛門（牢死）、半助（半年放免） 　　江沼郡町村長が理右衛門の墓石を建つ（明治28年）

※「鹿野虎作遺稿」「官途日簿」『石川県史料・第三巻』などにより作成。

人に手負いさせたため、農民らは退散して一二時過ぎに鎮定した。なお、市中や東谷などでは四二軒の民家が打ち毀しに遭ったという。開田・中谷は糾問《きゅうもん》に対し壅蔽《ようへい》を、倉知も租税の不公平などを完全と否定した。また、分校村太助・理与門・六平・重蔵らは凶魁《きょうかい》であるとして逮捕された。一揆の人数は、「参加しない村は焼き払う」と触れたのでやむをえず多数が集まった。

この報告書は県の当局者が自己をとりつくろった面が強く、小塩辻村の十村鹿野虎作（当時、奥山方の戸長試補）が著した「鹿野虎作遺稿」の記事といくつかの相違点がある。[10]「鹿野虎作遺稿」には、①小菅波村開田宅や中嶋村中谷宅が打ち毀しに遭った二四日夜に、一揆の別隊が大聖寺町の倉知宅を打ち毀して弓波村の穂の宮に引きあげたこと、②そこへ権大参事逢坂長太夫が兵一隊を率いて鎮撫《ちんぶ》に赴いたところを取り囲んで三ヵ条（十村相廃シ候事、銀成元ト成ノ事、鯡代取立不申事）を書かせたこと、③一揆の農民らが再び大聖寺町に押し入ろうとした二五日午後に、大参事青池政順が敷地村端で馬から引きずり降ろされたので発砲（空砲か）したこと、④二五日夜の発砲時に銃剣で一人（一人負傷）、五～六発の実弾で一人（一人重傷）が死亡したことなどを記している。

二五日の午後三時頃、一揆の農民らが敷地村端で青地政順・稲垣譲らを馬から引き下ろし、「七ヵ条要求」を書かせたことは間違いないようだ。県当局は一揆農民らの要求を全面的に受容し、騒動の再発を恐れて、七ヵ条要求を関係各村に配布して一揆の拡大を防いだものだろう。この七ヵ条要求は今も各町に多く残っているが、その一例として百々町ものを次に示す(11)。

記

一、天朝《てんちょう》之御規則通相捌《さばき》候事
一、屎代《くそだい》相救候事
一、銀成毎年通候事
一、十村廃止候事
一、除米《よけまい》村々望通候事
一、諸役人不正を調べ候事

一、張本人調べ不申候事

辛未十一月　青地大参事

稲垣小参事

蓑虫一揆の要因は、七ヵ条要求中の二条・三条・四条にみられる。二条は明治三年（一八七〇）に屎物代拝借願が多く、租税主任の倉知と開田・中谷が藩の除金を引き出して敦賀で鯡を買い込み、塩屋浦に回漕したところ、風波で船が転覆したため、その欠損を鯡代の引上げで補った結果であった。また、これは知藩事の利鬯が赤字財源を明治政府に引き渡すことを不面目と考え、船の転覆で減少した藩庫を補填《ほてん》するため石代銀納一〇倍増案が献策された結果でもあった。同四年正月には、村々から租税軽減の「口上書」（歎願書）が租税掛に提出され、同年二月には、石代銭札の相場を里方四三貫文、山

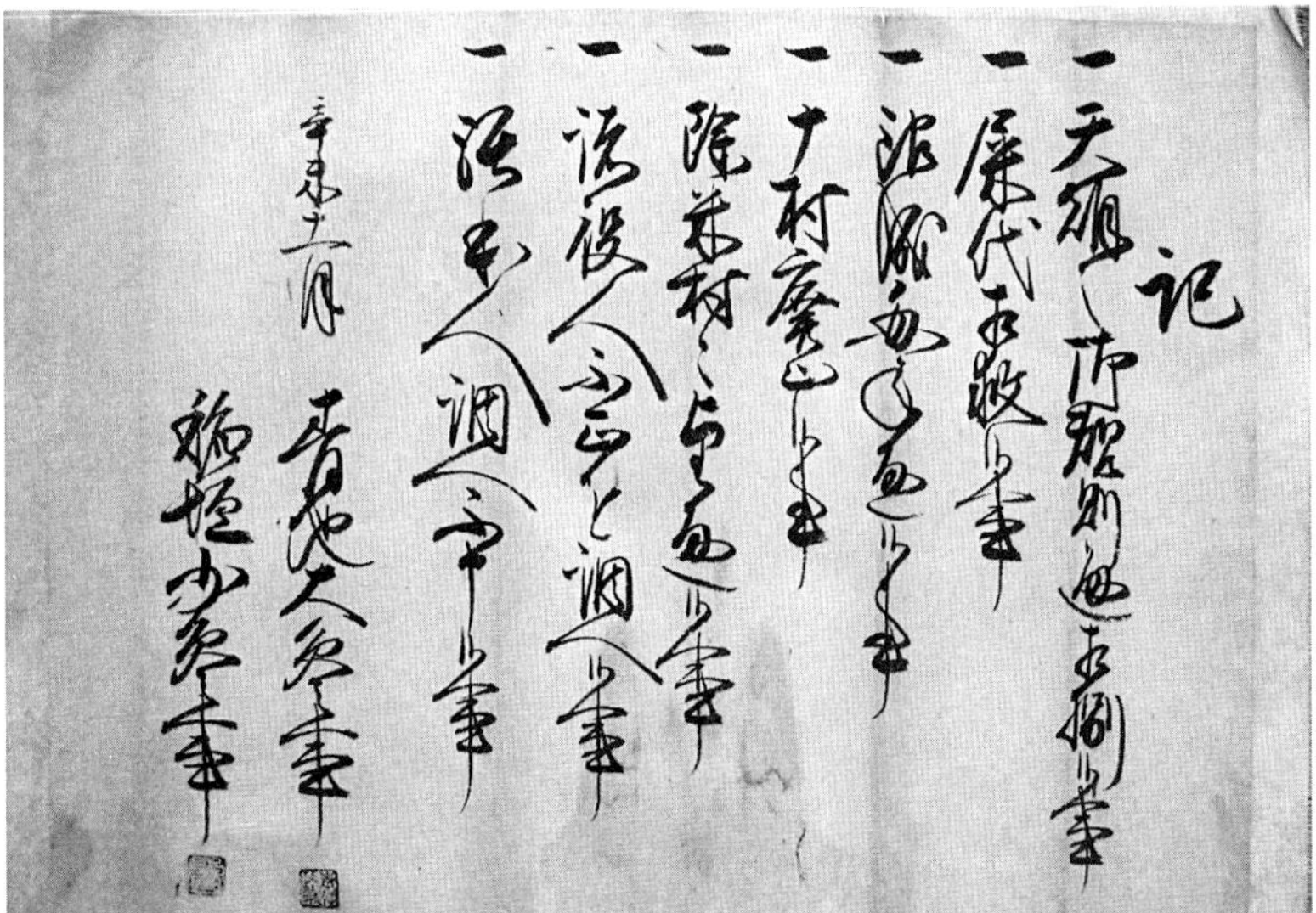

百々町の七ヵ条要求（加賀市教育委員会蔵）

方三七貫文と定める承認書が村々に令達された[12]。注目したいことは、「屎代相救」が貸付肥料代の帳消しをも意味していたことである。三条は大聖寺藩の銭納率が地域によって区々であったなか、銭納の増徴と米・銭の換算率が問題になったためであった。もし石代銀納一〇倍増案が実施されたなら、年貢の全額を銀納していた奥山方の村々は、大いに困窮したに違いない。四条は旧十村支配が悪政の根源であって、郷長となった後も「従前十村ニ不異」の有様となっていたためである。

七条の「張本人調べ不申」は守られず、分校村の新家理与門・裏谷重蔵・中西忠与門・太助・六平、敷地村の半助ら八、九人が逮捕された。新家理与門・裏谷重蔵は村肝煎ではなく、「裏谷塾」という寺子屋で教える無高農民で

新家理與門の石碑（加賀市分校町）

あった。新家理与門は入牢（金沢）した翌年六月二七日に七一歳で獄死した。半助は半年で放免、重蔵は三年の禁固後に自宅に帰った。いま、分校町には明治二八年（一八九五）に江沼郡町村長が発起して建てた理与門の石碑がある。

註

（1）『国史大辞典11』（吉川弘文館）九九四～九九六頁

（2）『加賀藩史料・第五編』（清文堂）九五八～九六六頁および『越中史料・第三巻』（名著出版）七五一頁。加賀国石川郡の農民約一五〇人は、正徳二年九月下旬に御算用場に詰めかけて免切（減免）を熱心に願い出たため、後日、位川《くらいがわ》村の肝煎四郎兵衛が死罪、農民五人が領外追放、同一六人が所払《ところばらい》（うち牢死四人）に処せられた。また、越中国砺波郡大西組の農民約二〇〇人は、同月下旬に十村の大西村善六宅を打ち毀したため、翌年、農民五〇人が手鎖（うち二六人が禁牢）、大西村の肝煎清兵衛・田中村の肝煎八郎兵衛が自殺、竹内村の肝煎彦兵衛・土生村の肝煎が斬首に処せられた。

（3）前掲『加賀藩史料・第五編』九六〇～九六一頁。このとき、島村五郎右衛門は二一ヵ村、分校村半助は一八ヵ村、保賀村宗左衛門は二三ヵ村、山中村清兵衛は一八ヵ村、大聖寺町平野屋五兵衛は二四ヵ村、片山津村次郎兵衛は二一ヵ村を支配していた（『加賀市史料一』加賀市立図書館、一二〇頁）。

（4）『那谷寺通夜物語』（石川県図書館協会）五六頁

（5）『右同』六四～九八頁

（6）前掲『加賀市史料五』四一頁

（7）「山長文書」（加賀市立図書館蔵）。文政一二年（一八二九）五月には、上河崎村事件（豆田高事件）が発生した。この事件は、上河崎村の農民が大部分が越高（懸作高）になっていた同村の「豆田分一一〇石」という土地を取戻したいと強硬に要求したことに対し、郡奉行が弾圧を加えたものである。上河崎村の南、大聖寺川右岸沿いには、江戸前期まで「大豆田《まめだ》村」（村高一二石）と称する上河崎村の出村があったが、度重なる大聖寺川の氾濫によって廃村となったという。このとき、大豆田村の神社は、上河崎村の神社に合祀されたという。上河崎村肝煎は、同年二月に先年から保賀・黒瀬・河南村の越高になっていた豆田高一一〇石の取戻しを藩に願い出た。上河崎村の農民らは村肝煎に願いを取りつなぐように何度も頼んだが、村肝煎は村が年々難渋して御救米をもらっていたため、取りつながないでいた。ところが、今年はどうしても取りつないでくれと強く農民らが要求して説得に応じなかったので、村肝煎はぜひなく願い出た。これに対し、郡奉行は勘定所に報告したうえで、それを直ちに申渡さずに、勢い立った農民らを十村から説得させる方法をとった。農民らは「越高は村全体の問題なので、居村の農民が所持する豆田高も村方に指出して処理する」といい、十村の指示に従がわなかった。郡奉行は勘定頭に断ったうえで御用番と内分に相談し、五月二二日に村肝煎・組合頭・十人頭七人・小農民六人の計一三人を役所に呼び出し、即日禁牢・手鎖りに処した。二七日、郡奉行は小塩辻村の十村鹿野小四郎処置に基づき、上役に報告したうえで禁牢の農民らを釈放した。この事件には村役人層と一般農民との対立があり、一般農民の大部分が豆田高の取戻しを切望していたのに対し、村役人らは難渋のため御救米を受けている状況で取戻し願を出せないという論理に立っていた（「上川崎村豆田高一件留帳」加賀市立図書館蔵）。

（8）『石川県史料・第三巻』（石川県）二九九〜三〇〇頁。越中国新川郡一帯（加賀藩領）では、明治二年（一八六九）一〇月に貧農が中心となって租税の減免、十村・手代・村肝煎の公選、肥料の配給制、諸物価・米価の引下げなどを要求し、郡治局や豪農を襲った「ばんどり騒動」（農民一揆）が起こった。「ばんどり」とは蓑の一種で、一揆農民の多くはこれを着用していた。村々では同年の大凶作に対し年貢軽免と救済を嘆願していたが、十村はこれを取上げなかったので、一〇月一二日から蜂起が始まった。一揆は各地で嘆願や強訴を繰り返し、二三日以後は打ち毀しや焼打ちに転化して、参加農民は二万人（五万人とも）に達した。しかし、一一月三日には藩の鉄砲隊の前に数十人の死傷者を出して鎮圧された。塚谷村の宮崎忠次郎は一揆の首謀者として斬殺、浅生村の伊七郎は一〇年の流罪、関係者数名は禁籠などに処された。この騒動は規模において劣ったが、その内容や性格は大聖寺藩の「蓑虫一揆」と同様であった（『富山県史・通史編Ⅴ』富山県、四一一〜六〇〇頁）。

（9）中嶋村の中谷宇兵衛は、天保七年（一八三六）に欠落者の耕地を手に入れて一八〇石の高持に成長した。これ以前は中谷家は平並分限の農民（平百姓）で村肝煎を務めていたという。その後、宇兵衛は安政六年（一八五九）に石灰世話方、文久二年（一八六二）に新田才許世子役、数年後に十村および租税掛付属になった。菅波村の開田九兵次は天保八年（一八三七）に十村格、数年後に十村格新田才許、嘉永六年（一八五三）に新田才許（再任）、安政元年（一八五四）に新田才許（再任）、慶応二年（一八六六）に新田才許世子役、同四年（一八六八）に新田才許および十村、明治二年（一八六九）に租税掛付属となった。これ以前は開田家も平並分限の平農民で村肝煎を務めていたという（「鹿野虎作遺稿」個人蔵）。

(10) 前掲「鹿野虎作遺稿」

(11) 「百々町有文書」（加賀市教育委員会蔵）。このほか、中島町や横北町にも七ヵ条要求が現存する（拙著『古文書を楽しもう』桂書房、一七三～一七五頁）。

(12) 明治四年正月の「乍恐口上書ヲ以奉願上候」や同年二月の「承認書」は、百々・中島・柴山・横北・枯淵・今立・大内・矢田新町をはじめ、多くの町に残されている。なお、口上書の上段には「願之趣尤之儀ニ付承届候事」と記す付箋が貼られており、口上書が発令された直後に承認されていたようだ（前掲『古文書を楽しもう』一七一～一七二頁）。

第六章　藩財政と参勤交代

一　藩財政の逼迫

藩政期全般の歳入・歳出状況を示す史料は、残念ながらみられないので、「勘定頭覚書」により九代利之《としこれ》治世の文政一〇年（一八二七）の歳入・歳出を第1表（米納分）と第2表（銀納分）に示す。

米納分の収入は収納米三万八一九〇石、家中借知米并下行米《げぎょうまい》二〇四八石、会所銀《かいしょぎん》年賦七七石余などを加えて四万一七九石余となった。その支出は年内銀納所米《ぎんなつしょまい》二五九五石余、翌年越銀納所米四一〇〇石余、定式一作引免二二六九石余、御家中給知・寺社領一万二〇三七石など三万一九四三石となり、正残米はわずか八二三六石となった。

銀納分の収入は御払米代三二九貫四四〇匁、年内銀

第1表　大聖寺藩の御収納米入高并払（文政10年、藩主在国）

入米石高	入米項目名	出米石高	出米項目名
38190石	収納米定納口米共（文政9年入高）	2590石余	年内銀納所米
1546石	家中借知并下行共（文化13年分）	4100石余	翌年越銀納所米
77石余	会所銀年賦	2269石余	定式一作引免
86石余	六斗除年賦米	400石余	林村外九ケ村一作引高
80石余	御城米年賦	372石	上々様（利之）御分限米
200石余	定式六斗除、給知下行共	200石	梅芳院様（利之生母）
		170石	造酒様・長泉院様（利信生母）
		80石	御膳米
		12037石	御家中給知・寺社領
		8000石	惣下行渡り
		2000石	御後用米
40179石余	入米石高合計	31943石余	出米石高合計

※『大聖寺藩史』『加賀市史料五』などにより作成。入米40179石余－出米31943石余＝正残米8236石余。

第２表　大聖寺藩の銀納御収納高并払（文政10年、藩主在国）

収　納　銀	収納銀項目名	入　用　銀	入用銀項目名
329貫 440匁	御払米代（8236石×40匁）	6440両	御要脚金
100貫	年内銀納所	500両	増御要脚
167貫	翌年越銀納所	1000両	若殿様（利極）
20貫	小物成銀	580両	峻光院様（利考夫人）御分限金
29貫	両度夫銀	100両	梅芳院様（利之生母）上同断
１貫 800匁	御借知夫銀	200両	御前様（利之夫人）上同断
３貫 500匁	御城銀返上、外金１両２歩	500両	若殿様（利極）上同断
13貫 400匁	町方諸運上、外金２両	４貫 600匁	鉦七郎様（利平）上同断
７貫 500匁	絹運上	１貫 800匁	造酒様（利信）上同断、外金50両
57両　２歩	山中・山代湯役銭	230両	御帰金
１貫 440匁	他領出魚運上	36貫	御給銀御役料高、外金38両２歩
40貫	地子銀	100両	御本家様返済
８貫 900匁	役所取立諸運上、外金45両	100両	御郡町方御当用金返済
６貫 600匁	御家中出銀時鐘料	３貫	御郡築立
２貫 800匁	役銀（草高100石＝50匁）	42貫	御日用
12貫	魚問屋口銭	32貫 200匁	作事所入用
877匁	質屋運上	20貫	盆暮払
６貫	茶運上	41貫 667匁	定式指紙小払、外金150両、15切
250匁	灰口銭	44貫	江戸惣渡物、外10切
30両	森下屋返上銀（両替64匁）	700匁	着三度駄賃
		１貫余	出三度駄賃
		146匁	鰈・鴨御荷物駄賃、外金150両
		208両	江戸年賦（森川屋・笹屋）
		167貫	鶴心斎様（七日市侯利以）へ
		２貫	御献上御鐙代
		４貫	江戸・金沢御使渡り
		100両	藤沢屋渡り御用賃
		３切	大坂加島屋新右衛門へ
		295両	御本家様年賦三口分
		23貫 306匁	大坂米屋年賦三口分
		32両	鯖・鮲御荷物駄賃
733貫 239匁	収納銀合計	827貫余	入用銀合計

※『大聖寺藩史』『加賀市史料五』などにより作成。収入銀733貫239匁－支出銀827貫余（金１万2922両余）＝不足銀93貫795匁余（金1465両余）。藩主在府年は不足銀191貫554匁余（金2993両余）。

納所一〇〇貫匁、翌年越銀納所一六七貫匁、小物成銀二〇貫匁、両度夫銀二九貫匁、町方諸運上一三貫四〇〇匁、絹運上銀七貫四〇〇匁余、茶運上銀六貫匁など銀七三三貫二三九匁（金一万一三〇〇両）となった。御払米代三二九貫四四〇匁は収入中の最大で、正残米八二三六石を石四〇匁として売却したものである。その支出は御要脚《ごようきゃく》金六九四〇両、親族分限金三〇〇〇両余、御帰金二三〇両、御本家様返済金一〇〇両、江戸年賦金二〇八両など銀八二七貫余（金一万二九二二両余）となった。すなわち、藩主在国年の収支は収入が銀七三三貫二三九匁、支出が銀八二七貫余で、銀九三貫七九五匁五分（金一四六五両）の不足となった。これに対し、藩主参府年の収支は、御衣類料一五〇両、御参勤御入用一五〇〇両、御参勤御供人仕切・荷物駄賃一五〇両などが加わって銀九二四貫七九三匁六分（金一万四四四九両余）となった。つまり、藩主参府時の収支は収入が銀七三三貫二三九匁、支出が銀九二四貫七九三匁六分で、銀一九一貫五五四匁四分六厘（金二九九三）の不足となった。このように、藩財政は江戸後期に藩主在国年で金一五〇〇両、藩主参府年で金三〇〇〇両近い赤字が出ていた。(1)

ところで、大坂・大津への廻米（登米）はどのくらいあったのだろうか。大坂・大津廻米（登米）とは大坂・大津において米を売却し、その金銀を江戸藩邸や大聖寺藩邸（国許）に送って藩費とすることをいう。大坂廻米は二代利明の寛文期（一六六一〜七二）に一万石ほどで、七代利物《としたね》の天明期（一七八一〜八八）にはわずか四〇〇〇〜五〇〇〇石ほどに減少していた。(2)三代利直は宝永三年（一七〇六）四月に大津廻米九二〇〇石余を船出し、このうち七八〇〇石を京都町人の井筒屋（河井氏）十左衛門に売却した。井筒屋の手代理兵衛は登米を石五九匁六分一厘で購入し、当地の瀬越御蔵と永町御蔵から船積して京都に輸送した。井筒屋は同六年（一七〇九）に大津廻米八三〇〇石を購入し、翌年にも一万一七六一石余の購入を予定していた。同七年分の登米については、婚礼費・京都役人費・参勤入用金・郡方不作などを理由に大聖寺藩からすべて破棄された。井筒屋は、二代利明・三代利直・四代利章の三代に亘って大聖寺藩の御用聞を務めたという(3)。

藩財政は創立当初から苦しく、四代利章の治世から急速に悪化し、不作や手伝普請（幕命工事）時には必ず加賀藩の援助金、藩士の借知、領民の御用金などに依存した。藩祖利治は承応二年（一六五三）に財政難から玉井市正貞直《たまのいいちのかみさだなお》（五〇〇〇石）・織田織部（二五〇〇石）をはじめ、藩士二四人（一万五〇〇〇分）を加賀藩に返還した。また、二代利明は延宝三年（一六七五）に不作のため、加賀藩から援助米一〇〇〇石を受けた。さらに、三代利直は元禄八年（一六九五）に江戸中野犬小屋の普請費金六九八六両の大半を町人に、四代利章は享保一七年（一七三二）に江戸城虎御門の普請費金一三〇〇両を町人・農民らに、五代利道は宝暦元年（一七五一）と同三年に三河吉田橋の普請費金五万三六五〇両を加賀藩や町人・農民らに求めた。

九代利之《としこれ》は藩財政が逼迫するなかで、表高七万石を一〇万石にする高直しを行なった。すなわち、利之は文政四年（一八二一）一二月二七日に、加賀藩主一二代斉広《なりなが》の願書により幕府から一〇万石の待遇が公認された。一〇万石の内訳は本高七万石と新田高（矢田野）一万石に、毎年、本藩から支給される米一万石（五公五民として石高二万石に相当）を加えたものであった。しかし、幕府の朱印状は八万石で、本藩の支給米も金三〇〇両に過ぎなかった。利之は正に名を得て実を捨て、諸藩とは逆に実高よりも表高が多い便宜的な高直しを行った。利之は何故このような形式主義をとったのだろうか。その要因は藩主の名誉欲に過ぎず、一〇万石大名になっても、参勤交代で将軍から使者や賜物を頂く程度であった。ただ、一〇万石待遇は当然、それ相当の公課を負担せねばならず、赤字続きの中藩が執るべき政策ではなかった。文政五年（一八二二）の「見聞志」には「右の趣は御代々様御懇願在りなされ候」と記すので、一〇万石高直しは利之だけでなく、歴代藩主の強い希望でもあった。ともあれ、利之は高直しの許可と同時に「すべての物入りが増加するから、倹約を旨とし、内心は五万石のつもりで暮らすように」と布告を発し、自身も五万石程度の暮しを覚悟していた。一一代利平《としひら》（九代利之の子）は天保の飢饉に苦しみ、「できたら十万石を辞退して、もとの七万石にかえりたい」と真剣に考えていた。(4)

赤字財政の要因は、年貢収納高の停滞と消費生活の向上にあったことは言うまでもない。明治初年の石高は八万三七七二石、その収納高は二万八七三〇石であり、収納高は江戸中期からほとんど増加しなかった。こうした結果、明治四年（一八七一）の「旧大聖寺藩債取調帳」によれば、藩借財の総計は金二三万一七八七両・永三七文八厘に、正銭一万七六〇〇貫文、現米一二五〇石、米券預高四五二五石を加えた膨大な額に達していた。(5) また、同年の「元大聖寺県借財根帳」から借財先の商人や北前船主などを地域別にみると、東京府一万七〇〇〇両、大阪府二八〇〇両と一九六六匁一歩二朱、福井県一万四五〇両、大聖寺県三万九一九〇両一分二朱・永六四文一〇分と一五万七五七五貫六文（うち北前船主が二万七四五三両一分二朱と三万一三八〇貫文）などで、地元の北前船主に対する藩債が圧倒的に多かった[6]。知藩事の利鬯は同年正月九日に橋立村の北前船主久保彦兵衛・西出孫左衛門に紙幣方頭取を命じて、両人から金五〇〇〇両を提出させるとともに、藩札一両を通貨二四〇目と定めて整理させた。

二　加賀藩の参勤交代

三代将軍家光は寛永一二年（一六三五）六月の「武家諸法度」の第二条に「大名小名在江戸交替所相定也、毎歳夏四月中可致参勤」と規定し[7]、外様・譜代大名が毎年四月交代で江戸に参勤することを役儀・奉公として制度化した。参勤交代とは、江戸期に諸大名が一定の時期を限って交互に江戸に伺候し、もしくは領国に帰った制度をいう。すなわち、諸大名が江戸に伺候することを「参勤」（参覲）といい、江戸より領国に就くことを「就封」といった。交代とは就封のことであり、他の大名と交代（交替）することをいう。同一九年（一六四二）には、在府中の譜代大名に六月または八月の交代、関東の譜代大名に二月・八月の半年交代、さらに城邑《じょうゆう》を占める大名に交互の参勤を命じた。ここに参勤交代は全大名に一般化されるに至った。なお、水戸家や幕府の老中・若年寄・奉行などは江戸定府《じょうふ》であった。一方、対馬宗氏は三年一勤、蝦夷地の松前氏は六年一勤、黒田・鍋島両氏は長崎警備との関係で一一月参府、二月就封の各交代であった。貞享三年（一六八六）以降には、「交代寄合《こうたいよりあい》」と称して表《おもて》御《お》札衆《ふだしゅう》や那須衆・美濃衆・三河衆・信濃衆など旗本三〇余家にも隔年に参勤が義務づけられた。(8)

まず、参勤交代の発着月をみよう。前述のように、外様大名の交代（交替）月は、「武家諸法度」において「夏四月中」（旧暦の四月は夏）と定められていた。江戸着駕月は四月が最も多いが、必ずしも四月に限られたわけではない。参勤九三例中、四月が二六例（二七・九％）、七月が二二例（二三・六％）、三月が一九例（二〇・四％）などであった。五代綱紀と六代吉徳は四月の交代よりも、七月・九月の秋期交代が多かった。この秋期への変更は、寛永一九年（一六四二）五月の四代光高と高田藩（松平光長）との居《い》替《かわる》交代や、寛文元年（一六六一）一〇月の福井藩（松平光通）と富山藩（前田利次）との居替交代があったためだろう。(9)一方、江戸発駕月は就封九七例中、四月が二四例（二四・七％）、三月が二一例（二一・六％）、八月が一八例（一八・五％）などであった。三月の就封が多いのは、御暇の上使があれば、一年間の在府生活を終え一日でも早く帰国したいのと、江戸詰二〇〇〇人の「御扶持手当銀」を少しでも節約する意味があったためだろう。このように、加賀藩は寛永一二年（一六三五）から文久二年（一八六二）までの二二七年間に一九〇回の参勤交代を行ったので、三

第３表　加賀藩の参勤交代（月別回数）

藩主名	種別	2月	3月	4月	5月	6月	7月	8月	9月	10月	11月	12月	不明	合計
3 利常	参勤			1									1	2
	交代												2	2
4 光高	参勤		2							1				3
	交代					1					1		1	3
5 綱紀	参勤			14	1		12	1		2				30
	交代			3	7	3	4	6	6	1				30
6 吉徳	参勤			1			6		3		1			11
	交代		3	2			1	5	1					12
7 宗辰	参勤													
	交代													
8 重熙	参勤		1				1							2
	交代			1				1						2
9 重靖	参勤													
	交代							1						1
10 重教	参勤			2			1		2	1				6
	交代		1		1	1	1	2						6
11 治脩	参勤		3	4	3		2	1	1					14
	交代		4	7	1		2							14
12 斉広	参勤		3						3	1				7
	交代	1	6					1						8
13 斉泰	参勤		10	4				1	3					18
	交代		7	11			1							19
計	参勤		19	26	4		22	3	12	5	1		1	93
	交代	1	21	24	9	5	7	18	7	1	1		3	97

※『加賀藩史料』『徳川実紀』『続徳川実紀』「加越能文庫」『糸魚川市史４』などにより作成。なお、参勤は江戸着駕月、交代は江戸発駕月を示す。

七回の不実施年があったことになる。

外様大名は「諸大名参勤交代伺制」の規定（四月参勤の輩は前年の一一月に伺ふべし）に基づき、参勤月について幕府に伺いを立てなければならず、参勤月が定まれば、そのための準備に入らなければならなかった。加賀藩では、四〇～五〇日の準備期間をもって供家老の選出、供人の決定と各人への通知、行列二〇〇〇人の宿割と旅費・日当・駄賃の支給、宿《やど》割札《わりふだ》（宿札）の書上げと宿場（宿駅）との交渉、行列の編成付と各人の役割分担、各人への通知、宿継人馬の依頼などを行った。(10) 東海道を通る大名は、およそ半年も前から宿泊の日程表を作成し、各宿場の本陣《ほんじん》・旅籠《はたご》から請書をとる必要があったという。発駕日の出発時刻は、藩主だけでなく供人にも家族・親戚・知人などが多く見送ったので、昼近くが一般的であった。藩主は金沢城から金沢城下端の「松門《まつもん》」または森本《もりもと》辺りまで一里二六町を馬に乗り、その後は駕籠に乗った。総門の意味のあった松門の所までは行列を建てた。藩主は参着後二、三日中に供家老二人とともに登城し、将軍に参着の挨拶を行い、享保の改革までは白銀五〇〇枚と八講布二〇疋または染手綱二〇筋などを献上した。

就封のときは、その日が近づくと幕府から「帰国御暇を伝えた上使」があった。上使には老中・若年寄・奏者番・御使番などの格があった。加賀藩では老中から将軍の下賜品として、銀一〇〇〇枚と時服一〇〇着（ときに巻物・更紗《さらさ》・縮緬《ちりめん》など）を受けた。下賜品は享保の改革のときに銀一〇〇枚・縮緬三〇巻に、幕末期に銀二〇枚・巻物一〇巻に減額された。藩主は御暇の上使後、およそ一週間のうちに柳営《りゅうえい》（将軍の居城＝江戸城）に登って将軍に辞見《じけん》（御目見）の挨拶を行い、鷹二羽と馬二疋の引出物を受けた。藩主を襲いだ最初の御暇御礼のときや、将軍の代替りがあったときは、これに腰《こし》（刀剣・印籠《いんろう》・巾着《きんちゃく》など）が増えた。大名行列の供人は餞別・土産品などを貰い、藩主の正室・側室、家の子・郎等、供人の知人など大勢の人びとに見送られて江戸を発足した。藩主の初入国時には、八《はっ》家《か》（加賀藩の年寄衆の門閥）の一人が加越国境の境宿まで（三〇里）行列を迎えに出た。このとき、加越能三ヵ国から馬二〇〇疋ほどを集めて、入国の荷物運びに善光寺宿の北隣にある牟礼《むれ》宿まで送ったという。(11)初入国のときは、金沢城下から一里半も離れた森下辺りから行列を建てて入城した。

次に、参勤交代の人数についてみよう。大名行列は「武家諸法度」の人数規定に基づき、供家老以下の直臣の家臣、その家臣に随う若党・仲間・小者・日雇人足ならびに藩が雇用する足軽・仲間・小者・日雇人足・宿継人足などで構成された。この行列には「行列の内」と呼ばれた人々と、「行列の外」と呼ばれた人々がいた。加賀藩では藩主を護る本隊四五〇人ほどが「行列の内」、残りが「行列の外」で本隊にやや遅れて随った。その人数は五代綱紀が江戸中期に四〇〇〇人、六代吉徳《よしのり》が享保九年（一七二四）に三〇〇〇人、延享二年（一七四五）に二五〇〇人、九代重靖《しげのぶ》が宝暦三年（一七五三）に二八〇〇人、一二代斉広《なりなが》が享和二年（一八〇二）に三五〇〇人、一三代斉泰《なりやす》が文政一〇年（一八二七）一七〇一人を数えた。(12)このように、大名行列は江戸前期の三〇〇〇～四〇〇〇人から同後期の二〇〇〇人ほどになり大幅に減少した。

大名行列の先頭は、鉄砲・弓・長柄で各一部隊を編成した「御先三品《おさきさんぴん》」が務めた。これは露払いの役を担った一隊で、当番と非番に分かれており、一日毎の交代制になっていた。ただ、長柄は二〇筋と一〇筋の変則に分かれていたので、交互というわけにはいかず、当番が二日続きとなった。非番は本隊のおよそ四キロ先、当番は二キロほど先を進んだ。御先三品は「行列の内」でないので、人々は道々で出会っても蹲踞《そんきよ》（土下座）の必要がなかった。本隊「行列付き」の先頭は、「御先牽馬三疋」と呼ばれる馬が進んだ。本隊の槍・鉄砲・弓など各隊には、各隊を率いる組頭と行列の要所要所に「騎馬所《きばどころ》」と呼ばれた馬上の侍がいた。騎馬所は大身の侍が締め、その前後に家中の供人が随った。供家老二人は殿《しんがり》を務め、藩主の行列付きを三廻りほど小さくした隊を構成した。すなわち、本隊は旗本を中心に藩主を護る親衛隊と、供家老が大将になって攻撃を主力にする隊とに分けられていた。供家老は騎士一〇人・弓一〇人・鉄砲一五挺・槍一〇筋・歩行侍一〇人、それに付属した手替り・小荷駄など二〇〇人ほどを率いた。このほかに、千曲川・犀川・姫川・神通川などの川渡場や、碓氷峠《うすい》・親不知《おやしらず》の難所への見分と詰人、横川・関川の両関所の交通整理、道路状況の道見など道中の雑用を務めた「行列の外」の者がいた(13)。大名行列は大きな宿場や城下・関所などを通るとき、「行列を建てる」といって警蹕《けいひつ》の声(下ニイ)とともに、隊形を整え、笠を被り直し、歩調を整えて整然と進んだ。

続いて、参勤交代の三コースについてみよう。一つは下街道の中山道経由(一一九里)で、金沢から高岡・魚津・糸魚川・牟礼

第4表　加賀藩の参勤交代(上街道)

藩　主　名	種別	年　　　代	期　　間	日数	経　由	理　　　由
5代綱紀	交代	寛文4年(1664)	5/11〜5/26	16	東海道	不詳
5代綱紀	交代	享保2年(1717)	9/27〜10/13	17	中山道	娘と外孫に会うため
5代綱紀	交代	享保5年(1720)	4/2〜4/23	22	中山道	娘と外孫に会うため
8代重熙	参勤	宝暦元年(1751)	6/21〜7/7	17	中山道	越後の大地震
12代斉広	交代	文化11年(1816)	3/16〜4/4	20	東海道	親不知の道路破損
13代斉泰	交代	天保11年(1840)	4/18〜5/6	19	東海道	親不知の道路破損
13代斉泰	交代	嘉永元年(1848)	3/18〜4/6	20	中山道	信州路の地震
13代斉泰	参勤	嘉永2年(1849)	3/23〜4/10	19	中山道	信州路の地震
13代斉泰	交代	安政5年(1858)	4/18〜5/8	21	東海道	親不知の道路破損

※『加賀藩史料』『徳川実紀』「加越能文庫」などにより作成。

宿などを経て信濃追分から中山道を通った。これは北国下街道（北国下道中）と呼ばれた。二つは上街道の中山道経由（一六四里）で、金沢から金津・府中（武生）・木之本・関ヶ原などを経て垂井から中山道を通った。三つは上街道の東海道経由（一五一里）で、金沢から金津・府中・木之本・関ヶ原・垂井・大垣・名古屋などを経て宮から東海道を通った。上街道の中山道経由および東海道経由は、北国上街道（北国上道中）とも呼ばれた。下街道は距離が短いという利点のほかに全行程一一九里のうち、自領の加賀国と越中国で三〇里を有したので、参勤交代一八一回（一九〇回中）と圧倒的に多く利用された。一方、上街道は途中に親藩大名の福井藩や、御三家筆頭の尾張藩の支配地を通らなければならなかった。また、この東海道経由には、「天下の嶮」で知られた箱根山や「越すに越されぬ大井川」および天竜川があった。

最後に、大名行列の諸費用についてみよう。一二代斉広が文化五年（一八〇八）に就封したときは、御荷物駄賃銀六五貫余、御帰国御供小払渡り金一九七五両、旅籠代貯用金三〇〇両、買物小払貯用金

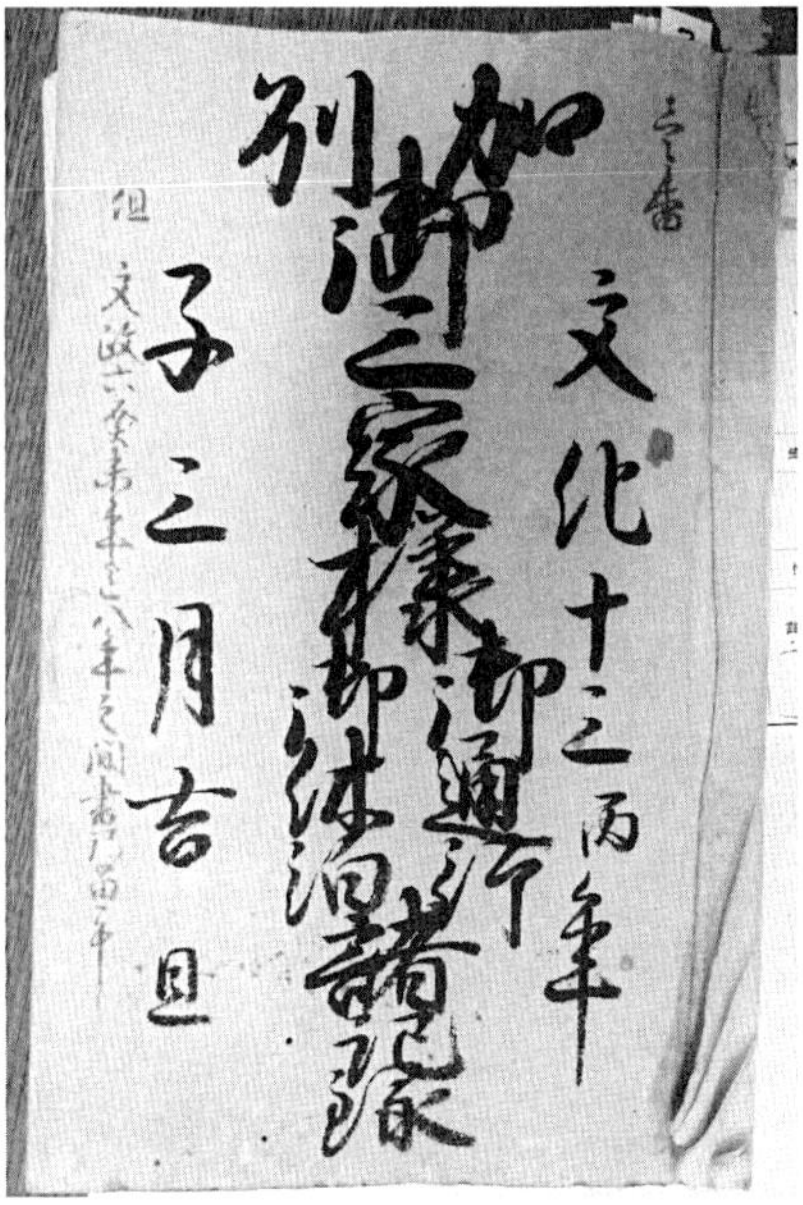

加州御三家様御通行御休泊諸記録
（「小林家文書」新潟県糸魚川市大町）

二〇〇両など道中費用の総額が銀三三二貫四六六匁八分八厘であった。一二代斉広が同一一年に東海道経由で就封したときは、鎌倉・江ノ島の見物や箱根温泉の入湯などもあって銀一一〇〇貫（金一万五〇〇〇両）を費した[14]。右のように、北国下街道の大名行列の諸費用は、文化・文政期（一八〇四〜二九）で銀三二〇〜三三〇貫ほどであった。このように、加賀藩も諸藩と同様に藩支出銀の六割ほどが参勤交代を含む江戸入用銀で消費されていた。

三　大聖寺藩の参勤交代

まず、参勤交代の発着月をみよう。加賀藩と同様に、江戸着駕月は四月が圧倒的に多いが、必ずしも四月に限られていたわけではない。参勤八九例中、四月が五八例（六五・一％）、九月が七例（七％）、一〇月が五例（五％）などであった。藩祖利治は四月の参勤交代を行わず、すべて九月・一〇月の秋冬期に行った。この秋冬期の参勤交代は、寛永一六年（一六三九）二月の三代利常の二男利次と三男利治の九月参勤交代の変更に伴うものであろう。一方、江戸発駕月は就封九二例中、四月が四九例（五三・二％）、五月が一三例（一四・一％）、一〇月が八例（八％）などであった。三月の就封は加賀藩に比べて極めて少なく、二例しかみられなかった。この点は、大聖寺藩が「武家諸法度」の規定

第５表　大聖寺藩の参勤交代（月別回数）

藩主名	種別	２月	３月	４月	５月	６月	７月	８月	９月	10月	11月	12月	不明	合計
1 利治	参勤								7	3				10
	交代								2	7	1			10
2 利明	参勤			15										15
	交代			4	9	1		1						15
3 利直	参勤		1	1										2
	交代				1	1								2
4 利章	参勤	1	1	1			3	1		1			5	13
	交代			1				1	3	1	1		6	13
5 利道	参勤			14						1				15
	交代		1	12	1									14
6 利精	参勤			1										1
	交代			2										2
7 利物	参勤			1				1						2
	交代			2										2
8 利考	参勤			5			1							6
	交代			6										6
9 利之	参勤			11	2			1						14
	交代			11	2	1								14
10 利極	参勤													
	交代		1											1
11 利平	参勤			3	1									4
	交代			4					1					5
12 利義	参勤			3										3
	交代			3										3
14 利鬯	参勤		1	3										4
	交代			4		1								5
計	参勤	1	3	58	3		4	3	7	5			5	89
	交代		2	49	13	4		2	6	8	2		6	92

※『加賀藩史料』『続徳川実紀』『大聖寺藩史』『加賀市史料七』『加賀市史料九』『大聖寺藩の武家文書２』『糸魚川市史４』などにより作成。なお、参勤は江戸着駕月、交代は江戸発駕月を示す。

を遵守したことを示すものである。藩主は藩邸から大聖寺城下端の菅生石部神社下または作見辺りまで約一里を馬に乗り、その後は駕籠に乗った。菅生石部神社下の所までは行列を建てた。参府後、藩主は家老二人とともに江戸城に登り、参勤の御礼を述べ、太刀目録・綿百把・銀五〇枚などを将軍・奥様・女中などに進上した。一方、藩主は就封の御暇に際し、幕府から時服二〇着・馬一疋などを拝領した。

次に、参勤交代の人数についてみよう。享保六年（一八二一）の「武家諸法度」では五万石大名の従者が馬上七騎、足軽六〇人、仲間・人足一〇〇人であったので、この本隊「行列の内」の人数は一七〇〜二〇〇人ほどになった。これに「行列の外」と呼ばれた人々を加えると、大名行列の供人数は二五〇〜三〇〇人ほどであったと思われる。九代利之が文政五年（一八二二）四月に行った就封では供人が三九七人、同一〇年（一八二七）四月に行った就封では三四一人・乗馬二疋（下宿三五軒）を数えた。文政五年の供人数は、前年一二月に大聖寺藩が一〇万石の格式を得たことから最大であった。一〇代利極が天保九年（一八三八）四月に行った就封（初入部）では供人が三七六人、一一代利平が天保一〇年（一八三九）一〇月に行った就封（初入部）では供人が三〇六人であった。大名行列は加賀藩と同様に、供家老以下の直臣の家臣、その家臣に随う若党・仲間・小者・日雇人足ならびに藩が雇用する足軽・仲間・小者・日雇人足・宿継人足などで構成されていた[15]。

続いて、加賀藩に準じた参勤交代の三コースをみよう。一つは下街道の中山道経由（一三一里）で、大聖寺から金沢・高岡・魚津・糸魚川・牟礼宿などを経て信濃追分から中山道を通った。これは北国下街道（北国下道中）と呼ばれた。二つは上街道の中山道経由（一四八里）で、大聖寺から金津・府中・木之本・関ヶ原などを経て垂井から中山道を通った。三つは上街道の東海道経由（一三九里）で、大聖寺から金津・府中・木之本・関ヶ原・垂井・大垣・名古屋などを経て宮から東海道を通った。下街道は距離が短いという利点のほかに全行程一三一里のうち、前田一族の加賀・富山両藩領で四〇里

第１図　14代利恖の参府行列（安政２年）

足軽　足軽
御中間　御馬一疋　御中間
手替一人
小者　沓籠一荷　手替一人
足軽二人　矢籠一荷　小者二人
手替六人
↓
御長持一棹

足軽二人　御具足櫃　小者二人
手替六人
足軽二人　合羽六荷　小者二人
手替八人
押足軽　押足軽
↓
小者　御挟箱　小者
手替二人

小者二人　御鎗　小者
手替三人
↓
小者　御竪傘　手替一人
足軽　御刀筒　足軽
手替二人
小者　御薙刀　手替一人
御歩　御歩
↓

御大小将　御先角　御大小将
御時宜役御抱守　御駕（藩侯）　御時宜役小将二人
御時宜役大小将　御駕舁一四人　御時宜役大小将
↓
小者二人　御歩横目　小者
手替二人
足軽

小者　御草履取　小者
↓
御駕舁手替
小者　御挟箱　小者
手替二人
足軽　御茶弁当　小者
手替一人
↓

小者　荷御挟箱一荷　手替一人
御提灯足軽
御中間　御馬一疋　御中間
↓
御中間　御馬一疋　御中間
手替二人
小者　沓籠　手替一人

押足軽　押足軽
↓
若党
槍
挟箱
小者七人　合羽掛　手替一二人
↓
平士乗馬
沓籠
押足軽　押足軽
騎馬
↓

騎馬
押足軽　押足軽
御医師
御医師

※「桃之助殿御出府御行列附」（金沢市立玉川図書館近世史料館蔵）

を有したので、最も多く利用された。一方、上街道は途中に親藩大名の福井藩や、御三家筆頭の尾張藩の支配地を通らなければならなかった。さらに、この東海道経由には、「天下の嶮」で知られた箱根山や「越すに越されぬ大井川」および天竜川があった。[16]

ところで、藩主は参勤交代で北国下街道を利用したとき、必ず金沢城下の旅籠に宿泊して金沢城に出向き、参勤交代の挨拶や寺院の参詣を行った。五代利道は寛延二年（一七四九）五月二五日に参勤の途次、金沢博労町の金屋九郎兵衛方に宿泊して金沢城に出向き、参勤の挨拶や前田家菩提寺の宝円寺・天徳院への参詣を行った。[17]金沢城下の本陣は博労町の金屋《かなや》が多く利用されたが、袋町の角屋《かどや》・浅野屋を利用することもあった。一二代利義は安政元年（一八五四）五月一〇日に就封の途次、金沢城下の浅野屋に宿泊し、金沢城に出向き、就封の挨拶を行った。[18]藩主が金沢城に出向き、参勤交代の挨拶や寺院の参

第６表　大聖寺藩の参勤交代（上街道）

藩主名	種別	年　代	期　間	日数	経　由
藩祖利治	参勤	承応 元年（1652）	9/13～9/26	14	中山道
2代利明	交代	寛文 6年（1666）	5/12～5/27	16	中山道
3代利直	交代	宝永 元年（1704）	6/11～6/23	13	東海道
3代利直	交代	宝永 6年（1709）	5/21～6/4	15	東海道
4代利章	交代	享保 2年（1717）	9/24～10/8	15	中山道
4代利章	交代	享保 4年（1719）	11/15～11/29	15	東海道
4代利章	交代	享保 8年（1723）	4/11～4/25	15	中山道
4代利章	参勤	享保 17年（1732）	不　詳		中山道
11代利平	参勤	嘉永 元年（1848）	4/24～5/11	18	中山道
14代利鬯	交代	安政 5年（1858）	不　詳		中山道

※『大聖寺藩史』『大聖寺藩の武家文書２』などにより作成。

第２図　大聖寺藩の参勤交代道

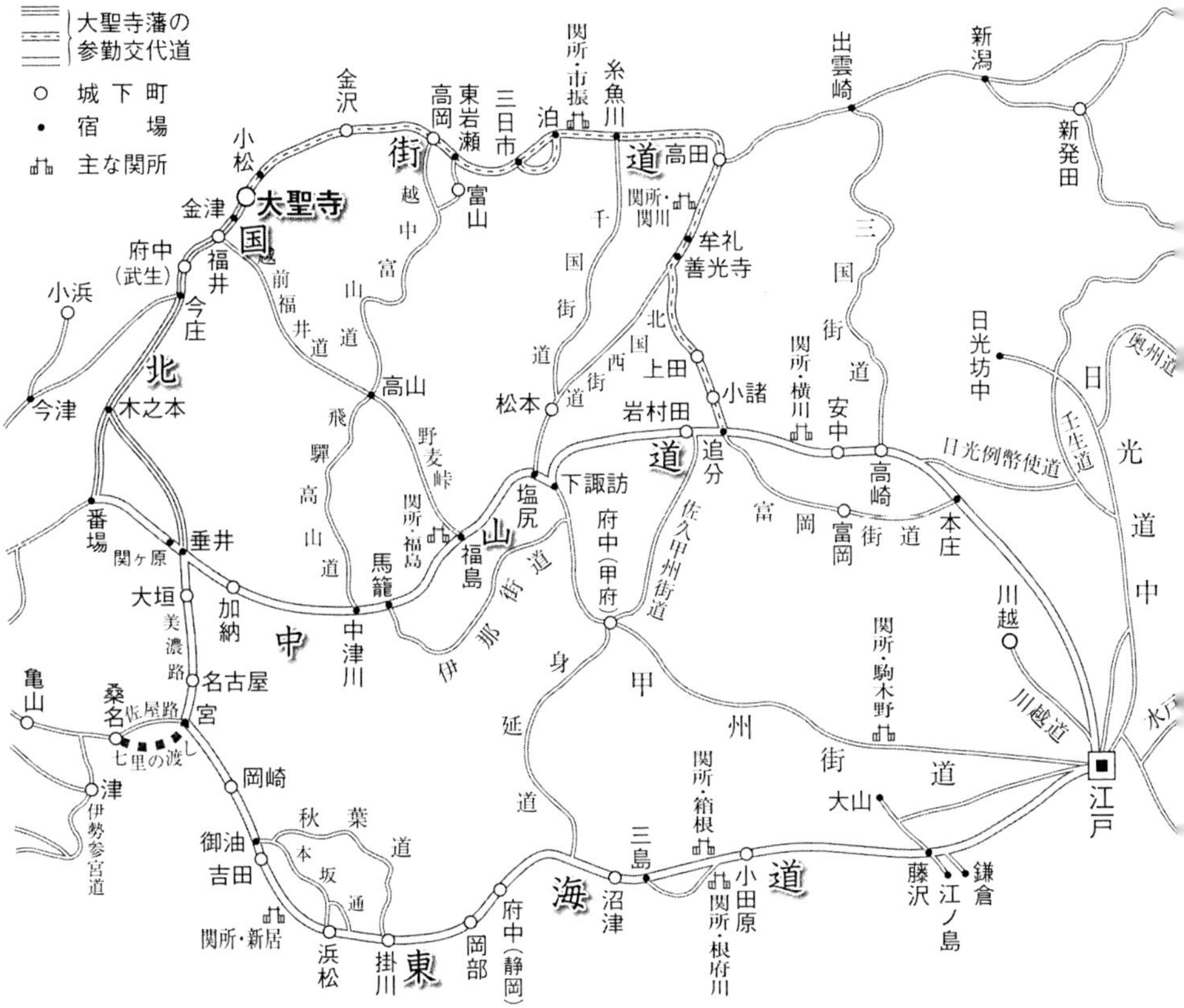

詣を行ったことは、有力外様大名とその支藩主または知行主との間にみられた参勤交代の意味合いをもっていた。

最後に、大名行列の諸費用についてみよう。文政四年（一八二一）頃の「御在府年御入用払」によれば、御参勤御入用金一五〇〇両余のほか、道具買上代金や槍・弓・鉄砲などの道具修理代金、旅籠代金・飲食費・買物代金・川越代金などの予備金数百両を含めて総計金三〇〇〇～三五〇〇両であった[19]。この惣計金三五〇〇両（銀二一〇貫）は、藩主在国年の支出銀八二七貫余（藩主在府年の銀九二四貫余）中の二五％以上を占めており[20]、加賀藩の文化・文政期の銀三二〇～三三〇貫に比べて比率が極めて高かった。大聖寺藩でも諸藩と同様に、江戸後期に藩の支出銀の六割ほどを江戸入用費で消費していた。

天徳院（金沢市小立野）

註

（1）『大聖寺藩史』（大聖寺藩史編纂会）五六九～五九五頁および『加賀市史料五』（加賀市立図書館）八三～一〇〇頁。藩財政は創立当初から苦しく、四代利章の治世から急速に悪化し、不作・御手伝時には必ず加賀藩の援助、藩士の借知、町人・北前船主の御用金などが行われた。藩祖利治は承応二年（一六五三）に財政難から玉井《たまのい》市正《いちのかみ》（五〇〇〇石）・織田織部（二五〇〇石）をはじめ、藩士二四人（一万五一〇〇石）を加賀藩に返還した。また、四代利章は正徳三年（一七一三）に財政難から藩士八人を加賀藩に返還した（『加賀藩史料・第参編』（清文堂）四〇五～四〇六頁および『同書・第五編』九八二～九八三）。

（2）『秘要雑集』（石川県図書館協会）二頁

（3）前掲『加賀市史料五』一八頁

（4）前掲『大聖寺藩史』二四二～二四九頁

（5）『石川県史料・第四巻』（石川県立図書館）三三三〇頁

（6）前掲『大聖寺藩史』六〇九～六一六頁

（7）『国史大系・徳川実紀第一篇』（吉川弘文館）六八三頁。参勤交代は、徳川家康が慶長五年（一六〇〇）六月から前田利家の正室芳春院を人質として江戸に居住させたことに始まるともいう。

（8）『国史大辞典6』（吉川弘文官）五二二～五二三頁

（9）前掲『徳川実記・第三篇』二七一頁および前掲『加賀藩史料・第参編』九五八頁

（10）前掲『加賀藩史料・第八編』三〇六頁および『同書・第拾編』二九七～二九九頁

（11）『右同・第拾壱編』一四三頁

（12）『右同・幕末篇上巻』三三二九頁

(13)『石川県史・第参編』（石川県）一〇三八～一〇八〇頁

(14) 前掲『加賀藩史料・第拾貳編』三三三頁。越後国糸魚川町の小林家（加賀井家）は代々九郎左衛門を名乗り、本陣・町年寄などを勤めた。本陣の最大の利用者は、加賀藩とその分家の富山藩と大聖寺藩であった。同家には「加州御三家様御通行御休泊諸要録一」（文化一三年～文政六年）、「加州御三家様御通行御休泊諸要録二」（文政七年～文政九年）、「加州御三家様御通行御休泊諸記録三」（文政一〇年～文政一二年）、「加州御三家様御通行御休泊諸記録四」（文政一三年～天保三年）、「加州御三家様御通行御休泊諸記録一」（天保四年～天保八年）、「加州御三家様御通行御休泊諸要留六」（天保九年～天保一一年）などをはじめ、加州御三家の参勤交代に関する史料が多数残っている。

(15)「桃之助殿御出府御行列附」（金沢市立玉川図書館蔵）。三代利直は、元禄五年（一六九二）から宝永七年（一七一〇）の藩主在任中に宝永元年と同六年の二度しか入部しなかった。三代利直の在府期間にあっても、家老以下の家臣は、グループごとに江戸と国元を隔年に往来した（『大聖寺藩の武家文書2』北陸印刷、一四五～一四六頁、一六三頁、一七五～一七六頁）。

(16) まず、下街道の中山道経由（北国下街道）コースをみよう。三代利直は宝永七年（一七一〇）三月に金沢（朔日）―高岡（二日）―三日市（三日）―泊（四日）―名立（五日）―関山（六日）―善光寺（七日）―田中（八日）―坂本（九日）―本庄（一〇日）―大宮（一一日）の一三宿泊で参勤を行った。四代利章は享保七年（一七二二）七月に金沢（一二日）―津幡（一四日）―高岡（一五）―滑川（一六日）―市振（一七日）―能生（一八日）―中屋敷（一九日）―野尻（二〇日）―矢代（二一日）―小諸（二二日）―松井田（二三日）―本庄（二四日）―桶川（二六日）の一三宿泊で参勤を行った。八代利考は寛政一二年（一八〇〇）三月に松任（一八日）―金沢（一九日）―高岡（二〇日）―魚津（二一日）―泊（二二日）―青海（二三日）―能生（二四日）―荒井（二五日）―牟礼《むれ》（二六日）―榊（二七日）―追分（二八日）―板鼻（二九日）―深谷（三〇日）―浦和（四月一日）の一三宿泊で参勤を行った。利考は三月一九日に金沢城に出向き参勤の挨拶を行い、宝円寺や天徳院の参詣を経て城下袋町の角屋（本陣）に、家臣らは同町の浅野屋（下宿）に宿泊した。二六日は小雨・小雪が降り、休憩場所を間違えたため、家臣・足軽・小者らは多くが牟礼近く農家や寺院で宿泊した。九代利之は文化一三年（八一六）四月に金沢（二八日）―高岡（二九日）―魚津（五月朔日）―泊（二日）―青海（三日）―糸魚川（四日）―高田（五日）

―牟礼（六日）―榊（七日）―追分（八日）―板鼻（九日）―深谷（一〇日）―浦和（一一日）の一三宿泊で参勤を行った。一一代利平は天保一二年（八四一）三月に松任（二二日）―金沢（二三日）―高岡（二四日）―魚津（二五日）―泊（二六日）―能生（二七日）―荒井（二八日）―牟礼（二九日）―榊（四月朔日）―追分（二日）―松井田（三日）―熊谷（四日）―浦和（五日）の一三宿泊で参勤を行った。

次に、上街道の中山道経由コースをみよう。四代利章は享保八年（一七二三）四月に桶川（一一日）―本庄（一二日）―松井田（一三日）―追分（一四日）―和田（一五日）―本山（一六日）―上ケ松（一七日）―妻籠（一八日）―細湫《ほそくて》（一九日）―加納（二〇日）―関ヶ原（二一日）―木之本（二二日）―今庄（二三日）―金津（二四日）の一四宿泊で就封を行った。このほか、藩祖利治は承応元年（一六五二）九月に参勤を、二代利明は寛文六年（一六六六）五月に就封を、四代利章は享保二年（一七一七）九月および同八年四月に就封を、一一代利平は嘉永元年（一八四八）四月に参勤をこのコースで行った。

最後に、上街道の東海道経由コースをみよう。四代利章は享保四年（一七一九）一一月に金川宿（一五日）―大磯（一六日）―小田原（一七日）―吉原（一八日）―府中（一九日）―金谷（二〇日）―浜松（二一日）―赤坂（二二日）―池鯉鮒《ちりふ》（二三日）―清洲（二四日）―関ヶ原（二五日）―木之本（二六日）―今庄（二七日）―森田（二八日）の一四宿泊で就封を行った。利章は一一月二四日に熱田神宮（八剣之宮）を、二六日には木之本の地蔵堂を参詣するとともに最花金三〇〇匹を奉納した。二六日には木之本で雪が二尺も降り、柳ケ瀬から板取までは「深雪馬足不立」の状態が続いた。このほか、三代利直は宝永元年（一七〇四）六月と同六年（一七〇九）五月に就封を、四代利章は享保四年（一七一九）一一月に就封をこのコースで行った（拙著『大聖寺藩制史の研究』桂書房、二一一～二一四頁）。

(17) 前掲『加賀藩史料・第七編』五八九頁。四代利章は享保一七年（一七三二）に上街道の中山道（木曽路）経由で参勤を行うに際し、金沢を通過しないので、別に金沢へ行くべきか本藩に伺いをたてていた（前掲『加賀市史料六』八〇頁）。

(18) 『石同・幕末篇上巻』六一三頁

(19) 前掲『大聖寺藩史』五八〇～五八一頁

（20）前掲「加州御三家様御通行御休泊諸記録三」および前掲『加賀市史料五』八三～一〇〇頁。参勤交代の御供人は、御算用場の勘定頭から仕切金《しきりきん》（御供人江被下金）や会所銀《かいしょぎん》（会所御貸渡銀）など大名行列の諸経費を受取り、家禄に相応した供廻りを揃えた。文政一〇年（一八二七）には、禄一〇〇〇石の家老が銀一四貫七〇三匁（六斗《ろくと》除銀《のけぎん》三貫匁、会所銀三貫匁、知行当り出銀八〇〇匁、宿人足七人分銀五八五匁、上下九人一ヵ年扶持方銀三貫七八匁、借知返却銀四貫二四〇匁など）、禄二〇〇石の平士が銀四貫七二匁、禄一〇〇石の平士が銀二貫四五二匁、徒が銀一貫一八八匁の大名行列の諸経費（江戸詰費用を含む）を勘定頭から支給された（前掲『加賀市史料五』二〇九～二一一頁）。

第七章　北前船と大聖寺藩

一　西廻航路と上方船

「北前船《きたまえぶね》」という言葉は、上方や瀬戸内方面において日本海沿岸方面から来る北国廻船を呼んだものであり、当地の日本海沿岸では「弁才船《べざいぶね》」「千石船」「どんぐり船」などと呼称していた[1]。こうした一種のあだ名である北前船という言葉について、牧野隆信氏は『北前船の研究』の中で「北前船とは、北国の船で蝦夷地（北海道）を含めた日本海の諸港と瀬戸内・大坂（阪）を結んだ不定期の廻船で、買積船《かいづみぶね》を主体として、船型は北国船、羽賀瀬船、弁才船から西洋型および合の子船に及ぶものである」と[2]、柚木学氏は『近世海運史の研究』の中で北前船が単に北陸地方独自の廻船でないことを指摘したうえで、「北前船とは、北海道と大坂＝上方を結ぶ交易関係の広汎な展開を背景に、西廻り航路を航行した廻船すなわち弁才船の総称である」と述べている[3]。両者の定義では蝦夷地から大坂までの西廻航路を範囲とすること、買積を主体とした不定期の廻船であることは一致する。しかし、船型を「北《ほっ》国船《こくぶね》」「羽賀瀬船《はがせぶね》」（羽ヶ瀬船・羽風船）「弁才船」から西洋型帆船までとするのか、そのうち前二者を日本海側のローカル船と見なして含めないのか、また船主の出身地を北陸あるいは北国地域に限定するか否かの点は見解を異にする[4]。

近世における日本海海運で、一つの画期とみなされているのは寛文一二年（一六七二）の河村瑞軒《かわむらずいけん》による西廻航路の整備である。瑞軒による港湾整備などにより西廻海運の安全性は向上して流通量は増加し、これを機に日本海海運は西廻海運の一部に包摂され、中央市場大坂を中心とする近世的な流通構造がここに完成されたという。

それまでの近世初期の日本海海運は、上方市場京・大津へ至る流通ルートの中継商業都市であった敦賀・小浜湊を拠点に、日本海沿岸を北へ、あるいは西へと伸びていた。この流通ルートを通じて、日本海沿岸諸藩の領主は必要な軍需品や非自給物資を得たり、年貢諸物資の換金を行ったりした。この流通構造は単層のものではなく、日本海沿岸地域と敦賀・小浜湊との間の長距離を結んだ北国海運と、近距離間を結んだ地廻り海運に担い手が分かれた。たとえば、兵粮米《ひょうろうまい》や軍需品あるいは建設資材などを長距離輸送する場合には大船である北国船などで、三国湊から敦賀湊までの近距離の年貢輸送ならば地廻り海運を主体としていた。

西廻海運という新流通ルートを通じて日本海海運に新たに登場したのが上方船の弁才船であった。これは中世以来瀬戸内方面における商品流通の発達に対応して上方・瀬戸内で活躍していた廻船で、その船型は伊勢船《いせぶね》・二形船《ふたなりぶね》（二成船）であり、当初は小型廻船ながら大型化と技術改良を重ねて近世海運の主力となった。弁才船は船首・船尾に強い反りがあり、荒波を乗り切る凌波性《りょうはせい》に富み、帆走力も強くて、櫓《ろ》や櫂《かい》を使用せず水主の人数も少なくてすむことから、経済性が高く、北国船や羽賀瀬船に代わって日本海海運を担うようになる。このように、西廻航路の整備とそれに伴う上方船の進出は、従来の日本海海運に大きな変化をもたらした。それは、西廻海運という新流通ルートを組み込んだ新たな日本海の流通構造の成立として表れ、既存の流通ルートで輸送に従事していた廻船業者に対して、新たな日本海の流通構造への適応を迫るものであった。

これまで北国海運に従事していた北国船や羽賀瀬船は、ともにオモキ造り（厚い板をL字状にくり抜いたもの）という日本海側で独自に発達した技術で造られた廻船であった。北国船は日本海の鋭い波に対応したまるい形状の船首、ドングリのような形の船体で、規模は一〇〇〇石積以上あり、船梁が少ないので木材を積むのに適していたという。羽賀瀬船は岩礁の続く海岸に対応した厚く丈夫な船底で、川湊への出入りに適した川舟のような平底であり、横長の帆を備えて、規模は七〇〇石積から八〇〇石積程度であったという。両者とも筵《むしろ》帆《ほ》を使用し、風のないときは櫓や櫂を使用する漕帆《そうはん》兼用であったため、乗組員を多く必要とした。[5] 一方、地廻り海運に従事した小廻り船は、漁猟に従事していた漁船が兼用されていた。これも船型としては羽賀瀬船あるいは「てんと船」が使用されたが、商船用の羽賀瀬船と比べて規模は小さかったものと思われる。

外様大藩の加賀藩では、寛永・正保期（一六二四〜四七）に年貢米を敦賀・小浜に運び、大津で販売する努力を重ねた。この間、三代前田利常は、寛永一六年（一六三九）に藩の船で初めて「為御試米百石」を西廻航路を利用して大坂に販売したという。[6] 正保四年（一六四七）には、大坂廻米のため大坂町人木屋助市の才覚で上方船が初めて廻送され、やがて大坂町人備前屋了牧が蔵宿に、木屋助市の倅や升屋市郎兵衛が船才許に任命された。[7] つまり、加賀藩が正保四年以降に廻送契約を結んだ上方商人は、北国海運を支配した若越・大津の初期豪商に対して、瀬戸内海航路から拡大された西廻航路に進出した積極的な経営者であった。大坂廻米の総量は、明暦期（一六五五～五七）から寛文期（一六六一～七二）までが不明、天和期（一六八一～八三）が七～八万石、元禄四年（一六九一）が二〇万石、それ以降が平均一〇万石余であった。このように、加賀藩では正保四年以降に大坂廻米のために上方船が来航するようになり、毎年一〇～一五万石の年貢米が西廻航路で大坂市場に販売された。

加賀藩では、慶安期（一六四八～五二）から領内に広く年貢収納蔵を新設し、寛文二年（一六六二）には領内三六ヵ所に給人の知行所年貢米を保管する蔵宿を置いた。これらの御蔵に収納された年貢米は、加賀国宮腰《みやのこし》・本吉《もとよし》、越中国伏木《ふしき》・氷見《ひみ》・岩瀬《いわせ》、能登国七尾・宇出津・塵浜《ちりはま》・輪島などの出船所《でふねしょ》から積み出された。出船所から積み出される年貢米の総量は、毎年大坂廻米が一〇万石余、江戸廻米が三万石前後であった。これらの廻米は、藩の御算用場から派遣された出船奉行・同横目や船頭が立ち会い、俵量を計る升改めを行ったうえで、伝馬船《てんません》または浦々から集められた手船により本船に積み込まれた。[8]

大坂廻米には、毎年多くの上方船が動員された。元禄四年（一六九一）には、大坂廻米二〇万四八七三石のうち、上方船が一三万六五八二石、地船が六万八二九一石で、江戸廻米二万五〇〇〇石のうち、上方船が一万六七〇〇石、地船が八三〇〇石であり、上方船と地船の比は共に二対一であった。[9]天保一四年（一八四三）の大坂廻米船数は、摂津・大坂・長門・肥前・讃岐・周防・備前・越前など他国船が六三隻、地船が二七艘、合計九〇艘であり、他国船は一〇〇〇石積み以上が七〇％を占めたのに対し、地船は四〇〇石以下が五〇％を超えていた。廻米総量の八万八〇〇〇石余は他国船が七万二八〇〇石余、地船が一万五二〇〇石余であり、その比は五対一となり、上方船の依存度は元禄四年以降に更に強くなった。[10]

こうした上方船に対し、地船も大坂廻米に動員されていた。地船の動員は、敦賀・小浜経由期から各浦の船櫂役に応じて割符されていたため、各浦別に船舶・乗組員の調査がなされた。寛文七年（一六六七）一〇月に発令した「加越能三ヶ国諸浦船割符調理」には、浦数二八、船数一二〇艘（船持人数八六人）、石数一〇万二五一八、乗組数二〇一八人、櫂役高一万四〇二一匁などを記している。[11]これらの船型は不明であるが、第1表の石数と乗組員数からみれば、羽賀瀬船・北国船であったことは間違いない。

元禄九年（一六九六）に越中国射水郡の各浦から大坂廻米・江戸廻米を輸送した地船二一艘の内訳は、弁才船一二艘、北国船四艘、はがせ船三艘、不明船二艘であり、元禄期（一六八八〜一七〇三）には、はがせ船や北国船のローカル船に代わって弁才船が増大していた。享保一二年（一七二七）に高岡木町の鳥山善五郎が藩の御用商人として津軽・南部・松前から木材を買い付けたときの雇船三〇艘の内訳は、弁才船二八艘（放生津二二艘・北潟一艘・吉崎三艘・橋立二艘）、北国船二艘（放生津一艘・新保一艘）であり、享保期（一七一六〜三五）には弁才船時代が出現していたようだ。注目したいことは、大聖寺藩の橋立村弥三右衛門が四一六石積の弁才船、同村惣次郎が三八〇石積の弁才船を有していたことである。[12] いまのところ、右の弁財船は大聖寺藩における最古の史料である。

第１表　加越能三ヵ国の諸浦船割符調理（寛文7年）

浦　名	船　数	石　数	乗組数	櫂役高
本　吉	7（3）	4,940	99	693
湊	1（1）	755	14	98
能州風無	1（1）	600	11	77
金　沢	1（1）	1,100	20	140
橋粟ヶ崎	2（2）	1,650	30	210
小　松	3（1）	1,750	41	287
本根布	12（8）	12,335	226	1,582
向粟ヶ崎	2（2）	1,140	24	148
秋　浜	4（2）	4,300	82	574
荒　屋	2（2）	2,000	39	273
白　尾	14（8）	14,800	284	1,988
外日角	1（1）	1,000	19	133
北	1（1）	500	13	97
室	1（1）	500	12	84
大根布	2（1）	2,600	44	308
大　崎	11（7）	9,340	178	1,246
内日角	3（3）	4,000	71	497
能州熊下	3（1）	1,625	38	266
七　尾	1（1）	700	13	91
安　宅	6（5）	5,900	114	798
能州中居	1（1）	1,600	25	175
び　ら	3（2）	2,850	55	385
輪　島	1（3）	800	16	112
越中高岡	2（2）	800	21	147
伏　木	1（1）	520	12	84
放生津	7（7）	3,453	61	427
六渡寺	3（3）	1,490	34	238
宮　腰	24（15）	20,340	409	2,863
合　計	120（86）	102,518	2,018	14,021

※『富山県史・通史編Ⅳ』（富山県）より転写。（　）は船持人数を示す。櫂役高の単位は匁。

第２表　越中国射水郡の廻米船（元禄９年）

船　型	石　積	所　有　者
２年舟弁財	150	六渡寺善太郎
２年舟北国	1,130	六渡寺助三郎
７年舟弁財	250	六渡寺九郎兵衛
４年舟弁財	190	六渡寺七左衛門
当春合弁財	750	六渡寺孫兵衛
７年舟弁財	490	六渡寺七左衛門
（不明）	1,050	高岡木町九郎三郎
３年舟はがせ	550	放生津次郎右衛門
２年舟弁財	220	放生津孫九郎
４年舟北国	970	放生津茂兵衛
当春合はがせ	800	放生津六郎右衛門
６年舟北国	320	放生津伝助
６年舟はがせ	320	放生津仁左衛門
当春合北国	430	放生津又八
当春合弁財	530	放生津次左衛門
５年舟弁財	500	放生津与助
６年舟弁財	620	放生津又七
当春合弁財	630	放生津十左衛門
４年舟弁財	310	放生津次郎右衛門
当春合弁財	500	放生津安右衛門
去暮合（不明）	850	氷見町理右衛門
合　　計	21艘	内弁財12、北国４、はがせ３、不明２

※『富山県史・通史編Ⅳ』（富山県）より転写。不明の２艘は北国船１艘と羽賀瀬船１艘であろう。

このように、はがせ船や北国船は、上方から来航した弁財船に対して走行性・経済性に劣っていたことから、加賀藩の大坂廻米は急速に弁財船に依存していった。また、地船は上方船に比べて破損が多く、元禄一〇年（一六九七）には上方船一艘に対し、地船は九艘であった。なお、享保二年（一七一七）の「村明細帳」（越前国南條郡今泉浦）には、「北国船四艘、弁才船壱艘、羽風舟壱艘、伝渡舟六艘」とあり、今泉浦には同年に弁才船一艘、北国船四艘、はがせ船一艘など船数一二艘があった。[13] この頃、船型の割合は北陸の諸浦によって大きく異なっており、弁才船は越前・若狭両国に比べて加賀藩領の加越二ヵ国がかなり多かった。

ここで、加賀支藩である大聖寺藩の大坂廻米についてみよう。大聖寺藩では藩創設以来、財政赤字が続いたため、年貢収納の強化や諸産業の振興に努めるとともに、本藩からの援助、藩士への借知（給

第３表　高岡鳥山屋の木材輸送船（享保12年）

船　型	石　数	国　名	船　主　名
弁　財	487	越　中	放生津十左衛門
弁　財	391	越　中	放生津儀右衛門
弁　財	676	越　中	放生津孫十郎
弁　財	607	越　中	放生津次郎右衛門
弁　財	310	越　中	放生津八兵衛
弁　財	300	越　中	放生津治左衛門
弁　財	387	越　中	放生津三右衛門
弁　財	402	越　中	放生津権七
弁　財	483	越　中	放生津次郎兵衛
弁　財	248	越　中	放生津伊兵衛
弁　財	457	越　前	北潟庄助
弁　財	485	越　前	吉崎庄大夫
弁　財	516	越　前	吉崎大三郎
北　国	1,027	越　中	放生津惣右衛門
北　国	1,275	越　前	新保長吉
弁　財	595	越　前	吉崎重三郎
弁　財	416	加　賀	橋立弥三右衛門
弁　財	380	加　賀	橋立惣次郎
弁　財	426	越　中	放生津六右衛門
弁　財	298	越　中	放生津庄兵衛
弁　財	379	越　中	放生津治右衛門
弁　財	651	越　中	放生津吉右衛門
弁　財	677	越　中	放生津仁左衛門
弁　財	357	越　中	放生津八兵衛
弁　財	510	越　中	放生津吉兵衛
弁　財	634	越　中	放生津治郎右衛門
弁　財	462	越　中	放生津十左衛門
弁　財	430	越　中	放生津権七
弁　財	294	越　中	放生津八兵衛
弁　財	396	越　中	放生津三右衛門

※『富山県史・通史編Ⅳ』（富山県）より転写。

料の一部不払い）、町人・北前船主への御用金などを度々行った。とくに、江戸後期には北前船主の経済力に着目し、調達金や献金を得るため、苗字帯刀を許可し扶持高や十村格を付与するのみならず、武士にも登用した。大坂廻米は二代利明の寛文期（一六六一〜七二）から三代利直の宝永期（一七四〜一〇）には一万石ほどで、その後年々減少し、七代利物《としたね》の天明期（一七八一〜八八）には四〇〇〇〜五〇〇〇石ほどになった。[14] 天和二年（一六八二）には敦賀に大聖寺藩の蔵宿が置かれており、[15] 加賀藩と同様に敦賀を経由して大坂廻米が輸送されていた。この大坂廻米はすべて大坂に廻るわけではなく、途中の大津で売捌くことも少なくなかった。たとえば、三代利直は宝永三年（一七〇六）四月に大津廻米九二〇〇石余を船出し、このうち七八〇〇石を京都町人の井筒屋十左衛門に売却した。井筒屋の手代理兵衛は廻米を石五九匁六分一厘で購入し、当地の永町御蔵と瀬越御蔵から上方船で京都に輸送して売却したという。[16]このとき、廻米は船才許亭彦八の許可を得て永町御蔵と瀬越御蔵から川船で本船まで運ばれ、出船奉行や同横目の検査を得て搬出された。なお、大坂蔵屋敷や大津蔵屋敷は加賀藩と併用されたものの、払米《はらいまい》奉行と下役人は自藩から派遣していたという。このように、大坂廻米は寛文期に始まり、敦賀・大津経由の形態が寛政期まで続いたが、天明期にはすでに大坂直通が主流を占めていたと思われる。

大坂廻米船は、加賀藩同様に初期には他国船が圧倒的に多く、江戸後期からは地船も次第に多くなった。天明七年（一七八七）には西出孫左衛門が、[17]翌年には久保彦兵衛が大坂廻米を大坂に輸送しており、[18]天明期には大坂廻米に地船の北前船が利用されていた。また、文政四年（一八二一）の定書には「御登米有之地・他国船ノ節ハ、地船ヲ先ニ為積可申候、地船之内ニモ小塩村・橋立村船堀切入津仕有之船ニ為積、畢而他国船ニ為積可申候」とあり、[19]この頃地船の中でも小塩・橋立村の廻船が大坂廻米船として優先されていた。

右の廻米船について、牧野隆信氏は「寛永十六年の廻米船こそ、北前船の第一号だといわれるのであるが、筆者はこれを率直に受け入れることはできない。たしかにこの船は加賀から日本海を西航して瀬戸内に入っており、瀬戸内の人々は『北前』の海を通ってきた船であるから、北前船とよんだかもしれない。しかし今一つ注意すべきは、この船の荷物はすべて藩の年貢米であり、民間の商人の荷物ではない。江戸時代的表現を借りれば、それは『蔵物《くらもの》』であって『納屋物《なやもの》』ではない。北前船は実は民間の商人の廻船である。廻船とは商売の船である。このように考える時、利常の廻米船を『北前船』と称するには、いささかのためらいを感じないわけにはいかない」と述べている[20]。つまり、北前船とは民間の商人の荷物である納屋物を輸送する廻船であり、諸藩の年貢米である蔵物を輸送する廻船は除かれるべきであるという。この見解については、当時の廻米船が北国船または羽賀瀬船であり、弁才船でなかったことからすれば、一応納得できるものである。なお、こうした地船・他国船の廻船は、常に諸藩の年貢米（蔵物）を輸送していたわけではなく、民間の商人の荷物（納屋物）を輸送することもあった。

二　大聖寺藩と北前船主

大聖寺藩の財政は基本的に赤字構造で、財政改革を行ったものの加賀藩の支援なしには成り立たず、こうした傾向は、支藩である富山藩や七日市藩（上野国）も同様であった。つまり、加賀藩は、支藩の創設後も「同族」としての結合関係を維持し続け、支藩の本藩への従属度は高くならざるを得なかった。これが可能になった背景には、加賀藩が「大国」であったこと、さらに前田家が、増石や転封で本家・分家の関係が変化することが多かった譜代大名ではないことがあったという。

すでに述べたように、大聖寺藩は調達金や献金を得るために北前船主らに苗字帯刀を許可し、扶持高や十村格・士分格を付与するとともに橋立・塩屋・瀬越など在郷に居屋敷を与え、なかには大聖寺城下に移住させて武士にも登用した。藩政末期に士分格に列され禄高が支給された領内の北前船主は、第4表に示したように一四人もいた。とくに、久保彦兵衛・西出孫左衛門・西野小四郎の三人は、旧来禄一二五～一一五石を支給される中堅武士の待遇となっていた[21]。

五代西出孫次郎は宝暦九年（一七五九）に三人扶持・御勝手方御用聞を命じられ、同一三年に一〇〇俵を賜り、明和七年（一七七〇）に居屋敷一四〇歩を拝領、安永八年（一七七

第4表　士分格の北前船主（江戸末期）

村名	名前	禄高	備考
橋立	久保彦兵衛	82俵2斗4升	元130石
橋立	西出孫左衛門	82俵4升	元125石
橋立	西野小四郎	82俵4升	元125石
橋立	山崎長太郎	53俵3斗4升	
塩屋	浜中八三郎	49俵5升	
橋立	増田又七郎	49俵5升	
瀬越	大家七三郎	49俵5升	
瀬越	広海二三郎	49俵5升	
瀬越	角谷甚平	40俵	
橋立	酒谷長吉	40俵	
橋立	久保彦助	40俵	
橋立	忠谷久五郎	40俵	
大聖寺	林清一	21俵3斗	
塩屋	北長三郎	18俵	

※『加賀市史・資料編第四巻』により作成。塩屋の北長三郎は二世涛静丸（関谷兵次郎の文珠丸を購入）の船主新後長三郎であろう。

九）に帯刀御免、御徒小頭となった[22]。また、五代久保彦兵衛は文政一二年（一八二九）に十村格・御勝手方御用聞を命じられ、天保四年（一八三三）に五人扶持を賜り、同九年に居屋敷を拝領、苗字（久保）御免となった[23]。

初代角屋（角谷）与市郎は宝暦一〇年（一七六〇）に三人扶持を賜り、十村格・御勝手方御用聞を命じられて、安永七年（一七七八）に居屋敷を拝領、同八年に帯刀御免となった。二代与市郎は天明三年（一七八三）に組外並馬乗次列・御勝手方元〆役を務め、一二〇俵を拝領して大聖寺城下に移り、寛政一〇年（一七九八）に米札方元〆役・三十人講奉行一五〇石取となった。その後、三代吉郎兵衛は組外並御番入、四代常吉は植物方・松奉行・用水奉行・銭手形元〆役、五代与市郎は荻野流砲術を学び日末・塩屋の御台場係となった[24]。

初代梶屋（梶谷）与兵衛は宝暦九年に十村格・御勝手方御用聞を命じられ、同一三年に一〇〇俵

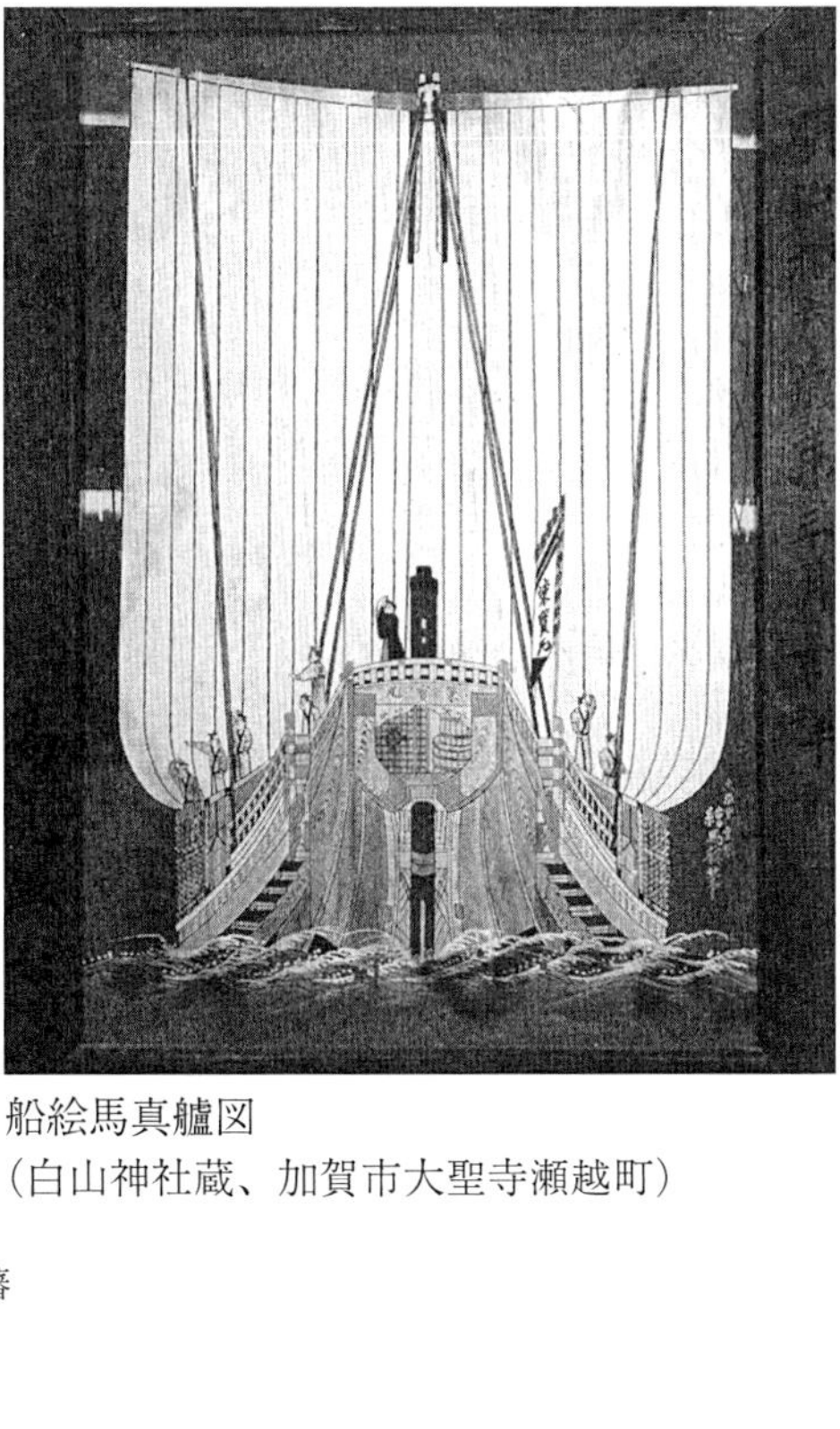

船絵馬真艫図
（白山神社蔵、加賀市大聖寺瀬越町）

を賜り、明和七年（一七七〇）に居屋敷を拝領した。二代与兵衛は天明三年（一七八三）に御徒小頭列・御勝手方仕送御用を務め、一二〇俵拝領して大聖寺城下に移り、同六年に米札元〆役一五〇石取となった。その後、三代与兵衛は銭手形元〆役・三十人講奉行、四代敬左衛門は松奉行用水奉行・御収納奉行・御武具土蔵奉行・勝手方元〆役、五代克彦は大筒方となった[25]。

六代西出孫次郎（一八常則と改名＝分家初代）は天明四年（一七八四）に大聖寺城下に移り、同七年に勝手方元〆役一七〇石取となった。その後、二代一平は勝手方元〆役、三代源蔵は荻野流砲術を修めるとともに西洋砲術を学び荻野新流を極めた[26]。彼らは、いずれも橋立の北前船主から調達金や献金を集める世話係も務めた。

右のように、橋立の北前船主である角谷家・梶谷家・西出家は宝暦期（一七五一〜六三）に武士に準じた待遇を与えられ、天明三年（一七八三）と翌年に大聖寺城下に移住して本物の武士になった。藩は北前船主の自立期に当たる宝暦・天明期に有力な北前船主である三家を大聖寺城下に移住させ、橋立村の北前船主との血縁や地縁を利用して調達金や献金を得て、藩財政の再建に役立てようとした。三家とも大聖寺城下に移住後も、その一族は依然として橋立村で活躍していた。三家が登用された宝暦・天明期は、藩にとって財政的にまさに危機的状況にあった。つまり、宝暦二年（一七五二）の幕命による三州吉田橋普請および翌年の再普請が費用五万三六五〇両余の巨額に達したこと、また同八年と同一〇年と引き続き大聖寺城下に大火が起こり、とくに同一〇年の大火では実に一二五二戸を焼失したことなどが深く関係していた。一方、北前船主の側には、苗字・帯刀を許可され、また扶持高や十村格・士分格を付与され、さらに武士に取り立てられたのは家門の名誉とする強い風潮があった。

六代西出孫次郎は、寛政三年二月に船五艘と土蔵一棟、金六〇〇〇両余の上納を藩に願い出たが、藩は孫次郎に従来通り商売をして、利益の九割を毎年藩に上納せよと命じた。(27) 六代孫次郎が北前船や土蔵を献上した真意は明確でないが、御用金や調達金の免除・軽減にあったのではなく、藩の「御手船」を獲得するためであったと思われる。北前船に倣って積極的に財政立て直しを考えるなら、藩が自ら北前船を経営することが望ましいと思われるが、そうした政策は全くみられなかった。もし藩が十数艘の北前船をもって直接経営に乗り出したなら、毎年少なくとも金一万両の収益を上げ、藩財政の大きな助けとなったことは間違いない。

その後、重臣の東方芝山《ひがしかたしざん》が文久二年（一八六二）に一四代利鬯《としか》に建言した藩政改革の上申書には「軍艦は海防第一の具に候へども、入費多きこと故、旗鼓具足等の様に平常閑却《かんきやく》することにては出来不申候。夫故商船に取立、松前・箱館より蝦夷地へ往来すること、尋常《じんじよう》商船の如くすべし」とあり、(28) 東方芝山は藩が軍艦を製造し、平時は商船に用いて北前船に倣い蝦夷地の交易に当たらせることを一四代利鬯に建言したが、この時も藩は北前船を経営することはなかった。

一一代利平《としひら》は弘化二年（一八四五）に財政改革を実施し、久保彦兵衛ら北前船主九人に献金二万七〇〇両（うち久保一万両）を上納させた。また、一二代利義《としのり》は嘉永六年（一八五三）に海防の整備に際し久保彦兵衛・西出孫左衛門ら北前船主一四人、および橋立・小塩両村などに軍備資金一万三三〇〇両を上納させた。このとき、北前船主以外では橋立村が四六〇両、小塩村が四〇両、大聖寺町が一〇〇〇両、橋立・小塩両村以外の郡方が一五〇〇両を献金した。このように、久保彦兵衛や西出孫左衛門をはじめ、増田家・西野家・酒谷家など多くの北前船主は、嘉永六年から慶応元年（一八六五）まで大筒（百目砲・二百目砲）や小銃（足軽用鉄砲）を多数製造して、橋立村の東出浜の御筒土蔵に収納するとともに、その一部を小塩・塩屋・日末の御台場に設置した(29)。

明治四年（一八七一）の「旧大聖寺藩債取調帳」によれば、藩の借財（藩債）は金二三万一七八七両・永三七文八厘のほか、正銭一万七六〇〇貫文、現米一二五〇石、米券預高四五二五石などであり、一四代利鬯は同年に最後の藩札整理を実施し、久保彦兵衛・西出孫左衛門（両人とも五〇〇〇両）ら北前船主五人に御用金二万七〇〇両を上納させた。ちなみに、藩債は大聖寺藩の北前船主に対するものが圧倒的に多く、金二万七四五三両一分二朱と銭三万一三八〇貫文があった(30)。このように、北前船と大聖寺藩の関係は、藩から身分上の多少の優遇や「御手船」として藩の威光を借りて営業の便を得たものの、藩の受ける利益は遙かに大きなものがあった。

三　近江商人と北前船

元文四年（一七三九）の『北海随筆』には「干鯡をこやしに用る国々は南部・津軽・出羽・北国・近江へかけて」とあり[31]、近世中期には松前・蝦夷地産の鰊肥料の需要がみられた。その普及範囲は、まず北国海運の沿岸とその終着地である敦賀湊や小浜湊の後背地である近江であった。敦賀湊や小浜湊では、西廻海運の展開により北国諸藩からの米の入津が減少し、松前物の入津が増加した。その海上輸送を担っていたのは「荷所船《にどこぶね》」であった。

荷所船とは、特定の船型を示す言葉ではなく、柳川《やながわ》・薩摩《さつま》と八幡《はちまん》の近江商人が「両浜組」と呼ばれる組織を結成して、これが共同雇用した廻船で、敦賀・小浜湊を拠点に松前との間を往復し、松前方面へは米・酒・茶・煙草・呉服などを、登りには松前物と呼ばれた鰊など蝦夷地産物を二〇貫匁から二五貫匁までの梱包《こんぽう》荷物（荷所荷）にして輸送した[32]。なお、荷所船は近江商人が扱う分の輸送船であり、このほかに買積などで松前物が輸送されなかったわけではない。積み込まれる荷所荷は、海難時の危険分散のため、荷主である複数の近江商人が少量ずつ積載した。

荷所船の多くは加賀橋立・越前河野および敦賀の船が従事していたという。敦賀湊では、高嶋屋久兵衛・丸屋半助などの船問屋（船宿）が、近江商人の意を受けた荷所問屋と廻船の船主との仲介役となって荷所船の雇船交渉に当たってい た。契約がまとまれば、荷所船貸証文を交わし荷所船として運賃積輸送が実施された。使用された廻船も、その時期に日本海運に多く使用された船型を反映して、元禄期（一六八八～一七〇三）には「荷所大北国」と呼ばれた北国船が、宝暦期（一七五一～六四）からは弁才船へと変化した。(33)

第５表に示したように、橋立の北前船主・船頭四二人は、寛政八年（一七九六）一二月に営業上の必要から「船道会《ふなどうかい》」という仲間組織を結成し、年々の会合の審議事項を記録した「船道定法之記」を慶応元年（一八六五）まで継続した。久保家の「船道定法之記」（明治末期の写本）

第５表　船道会の北前船主（寛政８年）

村　名	名　前	村　名	名　前	村　名	名　前
橋　立	小越後屋惣助	橋　立	田中長兵衛	橋　立	小餅屋彦助
橋　立	荒屋兵右衛門	橋　立	角屋與次郎	橋　立	田中伊兵衛◆
橋　立	町野清兵衛	橋　立	西屋庄一郎	橋　立	梶屋与三兵衛◆
橋　立	増屋平兵衛	橋　立	田野中与三右衛門◆	橋　立	増屋五右衛門
橋　立	納屋太四郎	橋　立	住屋清左衛門◆	橋　立	荒屋六蔵
橋　立	増屋平右衛門	橋　立	増屋仁兵衛	橋　立	町野六次郎
橋　立	町野清八	橋　立	田野中与助	小　塩	三津屋治良八
橋　立	小畦地兵助	橋　立	酒屋長吉◆	橋　立	酒屋宗吉◆
橋　立	越後半三郎	橋　立	酒屋新左衛門◆	橋　立	松屋久蔵
橋　立	瀬戸屋弥兵衛	橋　立	小餅屋治三良	小　塩	浜屋宗七
橋　立	小西出庄次郎	橋　立	桶屋又七	小　塩	三津屋治兵衛
橋　立	東出長次良	橋　立	小餅屋彦兵衛	橋　立	西野三四郎◆
橋　立	田中市右衛門◆	橋　立	小餅屋彦右衛門	橋　立	田中長七◆
橋　立	田中半四郎	橋　立	寺谷清九郎	橋　立	谷屋五兵衛

※『加賀市史・資料編第四巻』（加賀市史編纂委員会）により作成。◆は明和８年（1771）に荷所船の沖船頭を務めた家柄を示す。

によれば、船道会は寛政八年一二月から明治四四年（一九一一）一月の解散まで一五〇年間に亘って継続していた。(34)

注目したいことは、寛政八年の「船道定法之記」末に「右此条々近来買積并運賃積之船中、殊之外不埒不調法之義有之候ニ付、当年敦賀表参会之節、江州客方より彼地丸屋半助殿を以、不吟味之義有之由（後略）」とあり、(35)当時、橋立村の北前船主らが「買積」だけでなく、荷所船の「運賃積《うんちんづみ》」を行っていたことである。いま一つ注目したいことは、敦賀商人の丸屋半助が近江商人の意見を代表して、橋立の船主らに船中の綱紀を厳正にするよう警告していることである。なお、橋立船道会の船主人数は享和元年（一八〇一）が四六人、文化六年（一八〇九）が四九人、文政一〇年（一八二七）が二七人、慶応元年が不詳であった。

明和八年（一七七一）の『永代覚日記』によれば、田中伊兵衛・田中惣吉・住屋清七・酒屋長吉・酒屋新左衛門・西野兵助・田野中与左衛門・梶屋五兵衛・田中仁左衛門・米屋佐左衛門・田中市左衛門など寛政八年の「船道会」に記す船主や同族一一人は「荷所仲間船持」であった。(36)また、敦賀市の「荘氏文書」によれば、安永四年（一七七五）に橋立の西野兵助、同六年に塩屋の西野長左衛門、天明二年（一七八二）に橋立の田中伊兵衛、同五年に橋立の小餅屋彦助・小餅屋治郎兵衛、同八年に橋立の越後屋孫□・西野兵助らは、造船や経営の資金を敦賀の船問屋・丸屋半助を通して近江商人から借用していた。(37)さらに、寛政九年（一七九七）の「覚」によれば、橋立の田中長七・桶屋又七・田野中与左衛門は、敦賀の佐野屋六次郎、河野の中村治右衛門・右近権平、会所の塩屋庄次郎とともに近江商人の荷所船の沖船頭を務めていた(38)。

橋立・河野・敦賀の荷所仲間惣代らは、寛政九年に廻漕中に生じた目不足（抜き取りのため）を一部容認するなど、荷所仲間衆の仕法を次のように改正した(39)。

一札之事

一、私共数年来松前城下・江指《えさし》・箱館三ヶ所御組中上下御荷物積受、渡世致来、難有仕合奉存候、然ル所近年荷所船風儀悪敷、御大切之御荷物抜取、砂石ヲ入レ、或水抔ヲ打貫、數ヲ合セ候悪業、御見聞ニ相達、以後御荷所御買極被成間敷段被仰渡、一言御申譯も無御座奉恐入候

一、右體被仰出候而ハ、私共永々渡世ニ相離レ難渋至極仕候、以後之儀ハ如何様共仕法相改、御大切ニ取扱可申候間、是迄通船々御借極被成下度達々御願申上候処、御憐愍《ごれんびん》を以不相替御荷所御借極被成下、難有仕合奉存候、依之一統申合、仕法左ニ申上候

一、御荷物積請渡之節者、船頭元船江乗居、水主共迄毛頭麁抹無御座候様、万事気を付可申候

一、御荷物貫數不足仕候節ハ、少も用捨相願不申、急度相弁可申候

一、万々一難風ニ出逢候共、船中無油断相働キ、容易ニ御荷物打捨申間敷候、若又死命ニ茂相拘り候程之難風ニ而、無拠御荷物打捨候節者、船頭一切船ゟ上り不申、御荷物紛失無之様ニ可仕候

一、荷打之節、少分ニ而茂御荷物、捨荷ニ類寄セ、紛失等致候儀御聞及被成候者、御荷主御指図
之荷高、船仲間ゟ代銀を以急度相弁可申候
右之趣一統申合、相違無御座候、自然右之条々相背候船於有之ハ、私共申合、船仲間相除キ可申
候、猶又各様方不埒之船有之、内々ニ而茂御聞及被成、其船御借極不被成下共、一言子細申上間
敷候、然ル上ハ万事示合、大切ニ乗廻可申候、不相替御取立永々渡世相続仕様奉希上候、仍而一
札如件

寛政九丁巳十月

船仲間惣代

加州　橋立誰々印
越前　河野誰々印
同　　敦賀誰々印

江州
荷所御仲間衆中

橋立村の北前船主の多くは、寛政期（一七八九～一八〇〇）に至っても船主として自ら買積船を経営する一方、近江商人の荷所船の沖船頭（近江商人に廻船を貸すこと）として運賃船を経営することがしばしばみられる。こうした傾向はその後も長く続いたようであり、橋立村清六・幸吉は文政一二年（一八二九）から天保四年（一八三三）頃まで藤野家（松前）の持船である住吉丸・二見丸の船頭を務めていた。(40)

第6表に示したように、橋立の北前船主は諸藩の北前船主や廻船主同様に、江戸後期から松前藩の江差に入津した。五代西出孫次郎は、明和五年（一七六八）四月に子息孫左右衛門と船頭庄八を伴って初めて江差に入津した。また、五代西出孫次郎の子息庄九郎は安永四年（一七七五）五月に初めて江差に入津した。桶屋又七は天明七年（一七八七）七月に通力丸で、松屋久三郎は寛政元年（一七八九）五月に松吉丸で初めて江差に入津した。酒屋四郎右衛門は同四年五月に、田中長兵衛は同年六月に船頭長四郎とともに六人乗りの弁才船で江差に入津した。ただ、田中長兵衛は「子六月廿日松前廻り大坂行荷所ニ御出被成候」と、松前で大坂行の荷所荷を積み込むことを主目的としていた。[41]

第6表　橋立北前船主の江差進出（江戸後期）

年　　代	船　主　名	船頭名	船　名
明和５年(1768)	西出孫次郎	庄　八	
安永４年(1775)	西出庄九郎		
天明７年(1787)	桶屋又七		通力丸
寛政元年(1789)	松屋久三郎		松吉丸
寛政４年(1792)	酒屋四郎右衛門		
寛政４年(1792)	田中長兵衛	長四郎	六人乗

※宝暦６年の『永代御客帳』（「関川家文書」『江差町史・資料編第四巻』収載）により作成。

安永七年（一七七八）の『諸国御客帳』（玉島湊）によれば、橋立の西出孫次郎家の西久丸（西出孫左衛門）・西長丸（西出庄九郎）・西福丸（西出六兵衛）・宮市丸（久三郎）・道山丸（庄八郎）・納寛丸（弥兵衛）、梶屋与兵衛家の福禄寿（与惣兵衛）・蛭子丸（治良八）・大黒丸（六右衛門）・毘沙門丸（長七）、角谷与市郎家の能代丸（吉良兵衛）・観音丸（小八郎）・富市丸（惣九郎）・富吉丸（弥三治郎）、塩屋の西野与兵衛家の栄吉丸や中西小三郎家の万代丸など廻船が西廻航路で瀬戸内の玉島湊（岡山県倉敷市）に入津していた。[42]このように、橋立・

瀬越・塩屋などの船頭・水主らは近江商人の荷所船の船乗りとして用いられた場合が多く、荷所船の船主として船を近江商人に貸す場合もあり、宝暦・明和期（一七五一～七二）には自立して北前船主となるものが多かった。

越前国南条郡河野浦の右近権左衛門は、他の河野浦の者と同様に、近江商人の荷所船として活躍しており、元文期（一七三六～四一）から宝暦期（一七五一～六一）にかけて近江八幡の西川伝右衛門の荷所船に乗っていた。その後、右近家は天明期（一七八一～八八）から寛政期（一七八九～一八〇〇）にかけて廻船業の転機があったが、名実とも大船主となるのは嘉永期（一八四八～五三）以降の

廣海家広徳丸模型（北前船の里資料館蔵）

ことで、九代権左衛門の頃であった。(43)

右のように、加賀・越前両国における廻船の北国船・羽賀瀬船は、江戸初期から近江商人の荷所船として雇われたものの、同中期からは上方船の弁才船に代わっていった。この荷所船はほとんどが敦賀経由であり、瀬戸内海を航行して大坂に入津することは極めて少ないので、瀬戸内や上方の人々から「北前船」と呼称されることはない。この点、西廻航路に進出した上方船の弁才船（上方型弁才船）は、徐々に日本海海運に適した北国船・羽賀瀬船の様式を取り入れ、北国造りの強固な弁才船（北前型弁才船）へと姿を変えたのであり、瀬戸内や上方の人々は、こうした上方型弁才船と大きな差異がみられた北国造りの強固な北前型弁才船を「北前船」と呼称したものだろう。

江戸後期には別々の流通ルートと流通圏を持っていた米と鰊肥料、あるいは各種特産物が、新たに西廻海運の沿岸一帯を巨大な流通圏として移動することとなった。北国海運による流通ルートでは、拠点としていた敦賀湊で近江商人の荷所船としての船腹需要が減少する事態となった一方、大坂を初めとする西廻海運の沿岸各地においては、鰊肥料需要の増大や各種特産物による商品流通の展開に対応するため船腹需要が増加した。すなわち、その普及範囲も西廻海運の沿岸各地にまで達しており、従来は敦賀湊や小浜湊を海路の終点としていた鰊肥料が、西廻海運を経て上方・瀬戸内方面にまで販路を拡大した。

蝦夷地では、宝暦期（一七五一〜六四）に近江商人以外の新興商人（栖原《すはら》家・伊達家など）が豊富な資金力を背景に蝦夷地北部に進出し、アイヌ漁民を酷使した漁場経営を推進した。一方、蝦夷地南部の近江商人の場所請負地《ばしょうけおいち》では、宝暦期（一七五一～六四）に鰊漁が不振となり、これまで隆盛を誇った近江商人の両浜組の構成員が半減したという。これに対応して、荷所船として鰊など松前物の輸送を担ってきた北国の船主たちは、減少しつつある荷所荷の船腹需要を独占するために船仲間を結成するとともに、荷所船として雇船時に不正のないよう仲間内の統制強化を図った。その一方で、買積による廻船経営に主力を移すとともに、西廻海運の流通ルートにも乗り出し、直接大坂とも結び付くようになった。もっとも、北国の船主のなかにはすでに米買積廻船として大坂へ進出していた者もいた。その実績から、鰊輸送を主としていた北国の船主たちも、無理なく西廻海運の流通ルートへ進出できたのであろう。米買積廻船としての北国の船主たちもまた、米や地域の特産物とともに鰊肥料を求めて蝦夷地まで足を伸ばした。

　さらには、上方船も新たに西廻海運の主力商品となった鰊肥料を求めて蝦夷地まで進出を果たすことになった。江差湊に入津した大坂船のなかには、菱垣廻船問屋として知られる柏屋勘兵衛や富田屋吉左衛門の廻船さえみられた。西廻海運の変化は、江戸―上方間海運の船腹需給関係にさえ影響を与えたのであり、天明期を起点とするという菱垣廻船の衰退にはこうした動向も背景にあったようだ。このように、近世後期には大きな発展を遂げた西廻海運の流通ルートのなかで、上方船とともに北国の廻船も、米や鰊を初めとする諸産物の輸送において同じ土俵で競合することとなった。

註

（1）石井謙治『図説日本海事史話叢書1・図説和船史話』（至誠堂）一九五頁。大聖寺藩では、江戸後期に北前船を「渡海船」と称し、渡海船乗り一人宛に小物成銀として船役七匁を課した。なお、郡奉行は同期に毎年、渡海船乗りの人数を記した「渡海船人数書」を御算用場に提出した（『加賀市史料五』加賀市立図書館、一六九頁）。

（2）牧野隆信『北前船の研究』（法政大学出版局）一七頁

（3）柚木学『近世海運史の研究』（法政大学出版局）四二八～四二九頁。柚木学氏は『交通史』の中でも、「北国船は、あくまで北国造りの特定の船をさす船型呼称であり、のちの北前船は弁才造りの廻船であった」と述べている（『大系日本史叢書24・交通史』山川出版社、四一〇頁）。

（4）石井謙治氏は、「北国船・羽賀瀬船は北国造りのローカル船であり、弁才型として近世中期以降に西廻航路で活躍する北前船とは、峻別して考えなければならない」と述べ、宝暦一一年（一七六一）の『和漢船用集』の「北国船」の項に「加賀・能登・越後・津軽・南部等の舟也、是を北前船・北国船といふ」と記す「北国船即北前船」との考えを誤りと指摘している（『日本海海運史の研究』福井県立図書館・福井県郷土誌懇談会、一〇九四～一一四五頁）。

（5）『日本科学古典全集・第十二巻』（朝日新聞社）一六五～一七八頁、『海事史料叢書・第十一巻』（成山堂書店）一三六頁および前掲『図説日本海事史話叢書1・図説和船史話』九六～九八頁

（6）若林喜三郎「加賀藩初期海運史料覚（その二）」（『地方史研究・第六一号』）

（7）『加賀藩史料・第参編』（清文堂）二六五頁

（8）『富山県史・通史編Ⅳ』（富山県）四三三～四三五頁

（9）前掲『加賀藩史料・第五編』一五四頁

（10）前掲『富山県史・通史編Ⅳ』四四一～四四二頁。越前国における幕府領でも、大坂や江戸の廻船差配人により摂津・紀

伊・和泉などの上方船が多く調達された（『福井県史・通史編４』福井県、四二六〜四二七頁）。

（11）『右同』四四六頁

（12）『右同』四四八頁

（13）刀禰勇太郎「北国船―北前船以前―」（『若越郷土研究・一一巻二号』）。越前国坂井郡新保浦は、近世初頭以来、材木を扱う船持商人の活躍が目覚ましい浦であり、道実《どうじつ》家や久末《ひさすえ》家・上野家・竹内家などは、数千両で津軽藩や南部藩から檜山の運上を請け負い、材木の伐採から廻船による輸送、売り捌きなどを一貫して担っていた。そして何よりも、新保浦には材木の輸送に適した「北国船」が大量に存在していた。ところが、一七世紀後半には東北諸藩が山林資源保護のため留山を実施し、また東廻海運・西廻海運の発展に伴う江戸・上方の材木商人が東北に進出し、さらに上方船である弁財船が大型化したことなどにより、「北国船」を操る新保浦の船持商人の活動範囲は制限されていった。ともあれ、新保浦では享保二年（一七一七）という弁才船の進出が著しい時点においても、羽賀瀬船の一二艘、弁才船の九艘に対し、北国船二九艘を保有していた（前掲『福井県史・通史編４』四二八〜四二九頁）。また、秋田藩の能代諸浦では、享保期（一七一六〜三六）に北国船から弁才船に切り替わったものの、それは弁才船の帆柱に改めた程度であったという（前掲『図説日本海事史話叢書１・図説和船史話』一八八〜一八九頁）。

（14）『秘要雑集』（石川県図書館協会）二頁。大聖寺城主溝口秀勝が文禄二年（一五九三）に、また加賀藩老臣横山長知が慶長一五年（一六一〇）頃に大坂廻米の輸送（塩屋－敦賀間）を瀬越村与助に命じたときの廻船は、五〇〇〜八〇〇石の羽賀瀬船であったと考えられる（『加賀市史・資料編第四巻』加賀市史編纂委員会、六四四頁）。

（15）『小浜・敦賀・三国湊史料』（福井県郷土誌懇談会）一五四頁

（16）前掲『加賀市史料五』一八頁

（17）『右同六』一三八頁

（18）前掲『北前船の研究』六一頁

（19）前掲『加賀市史料五』二九三頁

(20) 前掲『北前船の研究』二二二頁

(21) 『大聖寺藩史』(大聖寺藩史編纂会) 四三六頁。久保彦兵衛は弘化二年(一八四五)に金一万両を、西出孫左衛門は安政三年(一八五六)に金七〇〇〇をそれぞれ献納して侍格となった(前掲『加賀市史料三』一一五頁および『同書四』五〇頁)。また、増田又七郎は文久三年(一八六三)に金五〇〇〇両を、酒谷長平は明治三年(一八七〇)に金五〇〇〇両を、久保彦助は同年に金三〇〇〇両を、それぞれ献納して侍格となった(『石川縣江沼郡誌』石川縣江沼郡役所、六〇九～六一〇頁)。

(22) 前掲『加賀市史料四』四九～五〇頁

(23) 『石同三』一一五～一一六頁。久保彦兵衛家は、すでに寛政四年(一七九二)に三人扶持を賜っていた。

(24) 『石同』一～四頁

(25) 『石同二』五一～五四頁

(26) 『石同四』四九～五〇頁

(27) 『石同』四九頁

(28) 前掲『大聖寺藩史』二九九頁。大聖寺藩の軍務局は、東方芝山の建言から六年後の明治元年(一八六八)に敦賀港で涛《とう》静丸《せいまる》(日本形積石一七〇〇石、一六人乗り)を建造したものの、わずか三年で油専売権を有する特権商人林清一に払い下げられた(前掲『北前船の研究』三四四頁)。

(29) 『加賀市史・資料編第四巻』(加賀市史編纂委員会) 七一二～七一七頁

(30) 『石川県史・第四巻』(石川県立図書館) 三三頁および前掲『大聖寺藩史』六〇九～六一六頁

(31) 的場光昭『現代語で読む北海随筆』(展転社) 一三二頁

(32) 前掲『北前船の研究』二四～二五頁

(33) 『福井県史・通史編4』(福井県) 四三三頁。塩屋の西野長左衛門は安永六年(一七七七)に、橋立の田中伊兵衛は天明二年(一七八二)に、橋立の小餅屋彦助・同治郎兵衛は同五年に、橋立の越後屋孫□と西野兵助は同八年に造船や経営資金を敦賀商人の丸屋半助を通して近江商人から借用している(前掲『北前船の研究』二六六頁)。なお、大聖寺藩領の船数は、宝暦八年（一七五八）に猟船が七六艘、渡海船が二三艘、川船が四四艘の合計一四〇艘で、渡海船はまだ少なかった（前掲『加賀市史料一』一一九頁）

(34) 前掲『加賀市史・資料編第四巻』二九二～三〇一頁

(35) 『右同』二九三頁

(36) 「西川家文書」（滋賀大学経済学部史料館蔵）

(37) 「庄司家文書」（敦賀市立図書館蔵）

(38) 『敦賀郡誌』（福井県敦賀郡役所）四四七～四四八頁

(39) 『右同』四四五～四四六頁

(40) 前掲『北前船の研究』三三頁、三七～四一頁

(41) 『江差町史・資料編第四巻』（江差町史編纂室）八六六頁。加越能三ヵ国からは、同時期に加賀国橋立・本吉・宮越、越中国氷見・放生津《ほうじょうづ》・伏木、能登国黒嶋《くろしま》・七尾・所口《ところぐち》・輪島・輪島海士《あま》町・宇出津《うしつ》などの廻船が江差に入津していた（『同書』八五七～八八九頁）。

(42) 「柚木家文書」（岡山県倉敷市玉島）。加賀市橋立町には、明治・大正に至るまで近江国愛知《えち》郡枝村の海商藤野四良兵衛を「御本家」と呼んでいる家が宮本家・横山家・山崎家・重谷家・西野家・町野家など六軒もあった。藤野四良兵衛の次男喜兵衛は、天明元年（一七八一）に松前福山に渡って呉服商見習いとなり、寛政一二年（一八〇〇）には独立して屋号を「柏屋」とし、東西蝦夷地の物産の運輸・売買を始めた。文化二年（一八〇五）頃には大小の廻船七艘を有し、翌年には余市、同一四には宗谷・紋別《もんべつ》・江差・網走・斜里《しゃり》・利尻・国後《くなしり》などの場所請負人《ばしょうけおいにん》となった。文政四年（一八二一）には、手船常昌丸が松前藩の「御召船」となったという（前掲『北前船の研究』三三～三四頁）。

(43) 前掲『福井県史・通史編4』四四二～四四三頁。石見国外ノ浦の清水家が所蔵する『諸国御客船帳』によれば、延享元年（一七四四）から明治三四年（一九〇一）までの一五八年間にわたる客船八九〇六艘の地域別数は、近畿が一五〇二艘、山陽が一四一五艘、四国が八〇六艘、九州が五九六艘、山陰が一八七八艘、北陸が二四八二艘、東北が七一艘、その他が

一五六艘であり、北陸が合計八九〇六艘中の約二八％を占めていた。時期区分別によれば、化政期（一八〇四～三〇）を画期に西廻海運の主役は、上方・瀬戸内を船籍とする廻船から北陸や山陰を船籍とする廻船に変化した。この主役の交代は、上方船から山陰・北陸地方の廻船に直接的に移行したものではなく、北陸地方の船頭が、まず大坂商人所有の廻船に沖船頭として雇われ、かたわら廻船業に従事しながら、やがて幕末・明治初期にかけて自立し、自ら船主となって成長していったものである。なお、摂津国の沖船頭数は、北陸が一一一艘であり、全地域合計一七〇艘中の約六五％を占めていた（柚木学編『諸国御客船帳・下巻』（清文堂）四九八～五一九頁）。

第７表　石見国外ノ浦入津の加賀国客船

船籍地	客船数	時期
堀切塩屋浦	20	寛政元年(1789)～明治25年(1892)
瀬越浦	30	文化２年(1805)～明治27年(1894)
小塩浦	3	明治14年(1881)～明治19年(1886)
大聖寺	12	文化13年(1816)～明治16年(1883)
橋立	36	文化14年(1817)～明治31年(1898)
木津屋浦	1	明治３年(1870)
金沢	6	天保11年(1840)～明治26年(1893)
五郎嶋	1	明治34年(1901)
宮腰	188	文化７年(1810)～明治34年(1901)
安宅	108	文政３年(1820)～明治34年(1901)
大根布	2	明治26年(1893)
釜屋浦	6	文政５年(1822)～明治26年(1893)
相河村	15	明治20年(1887)～明治31年(1898)
小松	5	弘化４年(1847)～明治17年(1884)
本吉	8	嘉永７年(1854)～明治15年(1882)
湊	21	文政12年(1829)～明治30年(1897)
大野	36	文化12年(1815)～明治35年(1902)
粟ヶ崎	9	文化15年(1818)～明治12年(1879)
木津	10	明治28年(1895)～

※延享元年の『諸国御客船帳』（前掲『諸国御客船帳・下巻』）により作成。なお、北陸の客船数2482艘の国別数は越前が876艘、加賀が517艘、越中が493、越後が233艘、能登が196艘などである。

第八章　手伝普請と大聖寺藩

一　四谷犬小屋の平均《ならし》普請

手伝《てつだい》普請《ぶしん》とは江戸幕府が行う大規模な土木工事に対し労働力・資材、あるいはこれに代わる金品を負担することであり、御普請御手伝（御手伝普請）・助役《じょやく》・公儀《こうぎ》普請《ぶしん》・天下普請なども称した。江戸幕府は普請役を全国に賦課し、江戸城や江戸城下町の建設をはじめ、彦根城・篠山城・亀山城・駿府城・名古屋城・越後高田城などを築き、さらに御所の造営を進めた。大坂の陣後の元和・寛永期には、大名を大動員して江戸城の拡張工事と大坂城・二条城の修築工事を行い、普請役を半役に軽減する措置を講じて大名の妻子の「在江戸」制を徹底した。

統一権力が大名に賦課した普請役は軍役としての意味を持つと同時に国役《くにやく》でもあり、一国一円を知行する大名の領国では、大名家中の普請役、百姓役としての千石夫《せんごくふ》・五百石夫《ごひゃっこくふ》、水夫役《かこやく》などの徴発は大名の任であった。一方、蔵入地・給人知行地が錯綜した国々に対する国役（普請役）は幕府の国奉行を通じて徴発された。一七世紀後半には、社会・経済構造の変化に伴って、家中普請役・百姓夫役の金納化が進み、大名普請役の在り方も大きく変容した。役人足の徴発が困難になって、もっぱら日用人足に依存することになり、工事も幕府の指示のもと、請負人の手で進行した。大名は割り当てられた普請場を監督・警備するために家臣を派遣し、人足賃を主とする普請入用金を負担した。一八世紀には、このような法式で堤川除普請が頻繁に行われ、御手伝普請とは国役普請とは別個の治水仕法となった。

安永四年（一七七五）の関東と甲斐国の川々御普請以降、問題の多い従来の御手伝の方法は是正され、大名普請役自体が金納化されるに至った。すなわち、実際の工事は幕府の勘定所が一手に行い、その間御手伝方はなんら関与することなく、竣功間近になって形式的に丁場（工事担当区域）を受取り、数日後に引き渡して、工費を上納するという方式に変化した。寛政期以降、御手伝の方法はさらに簡略化され、丁場の受け渡しも行われなくなり、御手伝方の役人も現地に出張することがなくなった。竣工後、御手伝を命じられた大名は、領知高に応じた普請費用の分担金を一定期日内に幕府御金蔵に収めることとされた。大名普請役の金納化と平行して、大名側からの依願形式による献金も行われるようになり、これらの大名出金（御手伝金・上納金）は幕府の年貢外貨幣収入の大きな部分を占めることになった。しかし、幕末期には海防などへの軍事動員のため大名に普請役を賦課することは次第に困難になり、元治元年（一八六四）に日光山の修理費用を四小藩に負担させた例をもって終止符を打った[1]。

江戸幕府は、元禄期（一六八八～一七〇三）に五代将軍徳川綱吉が設けた生類憐みに関する法令に基づき、増えた野犬を収容するため、江戸近郊の喜多見・大久保・四谷・中野などに犬小屋を設けた

第１表　大聖寺藩の手伝普請

年　　代	藩主名	手　伝　普　請　名
寛文６年（1666）	２代 利明	禁中築地普請費（銀７貫783匁余）納入
延宝５年（1677）	２代 利明	禁中築地普請費（銀７貫36匁余）納入
元禄８年（1695）	３代 利直	江戸四谷犬小屋普請（金6986両）
宝永７年（1710）	３代 利直	江戸城芝口門普請（金2000両）
享保17年（1732）	４代 利章	江戸城虎之門普請（金1300両）
宝暦元年（1751）	５代 利道	三州吉田橋掛替普請（金２万3650両）
宝暦３年（1753）	５代 利道	三州吉田橋再掛替普請（金３万両余）
明和６年（1769）	５代 利道	江戸城西之丸普請（金１万両）
天明８年（1788）	８代 利考	禁裏築地普請費（金360両余）納入
寛政３年（1791）	８代 利考	東海道筋甲州川々普請（金１万200両）
享和２年（1802）	８代 利考	東海道筋甲州等川々普請
文化10年（1813）	９代 利之	紅葉山御宮并御霊屋普請
天保７年（1836）	９代 利之	東海道筋川々普請
弘化４年（1847）	11代 利平	関東筋川々普請

※『加賀藩史料』『大聖寺藩史』『加賀藩史料』などにより作成。

が、その建設は大名御手伝（手伝普請）をもって行われた。犬小屋は「御用屋敷」「御囲《おかこい》」「御犬囲」と呼ばれ、とくに中野犬小屋は「中野御用御屋敷」とも呼ばれ、犬小屋に収容された犬や村預けされた犬は野犬か飼犬かを問わず、幕府管理の「御犬」となった。

喜多見村の犬小屋は、武蔵国多摩郡世田谷領喜多見村にあった側用人喜多見重政《しげまさ》の陣屋（喜多見藩二万石）の敷地内に設けられた。喜多見氏は犬支配役を担当していたが、元禄二年（一六八九）二月に五代将軍綱吉への背信行為（分家喜多見重治《しげはる》の刃傷事件など）によって断絶したため、敷地が天領となって犬小屋係下役が配置された。当時、喜多見村の御用屋敷周辺は天領支配の拠点となっており、ここに病気の犬四〇匹ほどが飼育され、同六年（一六九三）の一ヵ年だけでも一万三八七八匹の犬が預けられた。病気の犬や子犬のための「介抱所」「看病所」「寝所」のほか、陣屋役所・門番所・台所・舂屋《つきや》（米搗き小屋）・鶏部屋・鶏遊び所などがあった。犬に餌を与え、急病の犬が出た場合には犬医者を呼び寄せて薬を処方し、中間《ちゅうげん》一六、七人が介護にあたり、養育のためには年間約五七二八人の人足を必要とした。(2)

元禄八年（一六九五）三月には千駄ヶ谷村に犬小屋の建設を決定し、同月三〇日に普請奉行として幕府役人の米倉昌尹《よねくらまさただ》（のち下野国皆川藩主）と藤堂良直《とうどうよしなお》が、助役として大聖寺藩主三代前田利直が任命された。(3) 四谷犬小屋の建設地は、千駄ヶ谷村の柳沢吉保の屋敷が召し上げられたものであり、同年四月に御用地一万八九二八坪余が引き渡され、柳沢吉保には武蔵国豊島郡駒込村の代地四万七〇〇〇坪が与えられた。同時に、大久保村地内あった約二万五〇〇〇坪の土地にも犬小屋が建設された。(4) 加賀藩の軍学者・有沢永貞《ながさだ》が江戸中期に著した『残嚢拾玉集《ざんのうしゅうぎょくしゅう》』によれば、四谷犬小屋の普請を命じられた三代利直は、元禄八年四月から六月まで毎日、人足五〇〇〇〜六〇〇〇人を出して二万坪余の犬小屋用地を整備した。当初は幕府から犬小屋の建設であることを隠すように指示され、普請に携わった者たちからも誓詞を取り隠密に実施したという。完成後、幕府は江戸中の雌犬のすべてを捕えて犬小屋への収容を開始したが、これは犬の増殖を阻止するためであったという。(5)

また、津田政隣《まさちか》が文化一一年（一八一四）に著した『政隣記《せいりんき》』によれば、三代利直は元禄八年四月朔日に西中野犬小屋の建設も命じられ、数ヵ月後に約八万二〇〇〇匹余を収容する犬小屋を完成させたという。犬一匹の食料は一日に米二合と銀二分、その合計は一日銀一六貫四〇〇匁であり、一ヵ年の費用は金九万八〇〇〇両余となり、これはすべて江戸町人から徴収されたという。(6)このほか、幕府は中野犬小屋の普請や修復のために、江戸周辺農村に対し高一〇〇石当たり一石の割合で「犬扶持」を賦課した。なお、大聖寺藩では、同年四月に四谷犬小屋の普請入用高金六九八六両を御用金として領民に求めた。(7)

四谷犬小屋には繁殖を防ぐため主に江戸中の雌犬を収容したが、二年余りで廃止され、犬はかねてより建設が進められていた中野犬小屋に移された。元禄八年一〇月には中野犬小屋の建設を開始し、普請奉行として幕府の米倉昌尹と藤堂良直が、助役として津山藩主森長成《もりながなり》と亀山藩主京極高或《きょうごくたかもち》が任命された。この中野犬小屋や大久保犬小屋には同年一〇月の段階で四万二一〇八匹、翌九年六月の段階で四万八七四八匹の犬が収容されたという。なお、同九年六月には毎日三〇匹から五〇匹の犬が中野犬小屋に収納され、犬の餌は一日当たり米五〇俵に及んだという。(8)

中野犬小屋の建設地は、中野村の百姓八二人と宝仙寺から田畑・屋敷・芝地など七万六三〇坪(反別二三町五反歩余)の土地を御用地として収公したものであった。ともあれ、元禄八年には一七万九一五六坪、翌年には一〇万二三三〇坪の土地で普請が行われ、道路分としてそれぞれ一万一〇九五坪と五〇七一坪も造成され、同一二年には犬小屋・餌飼部屋などが二九〇棟(七二五〇坪)もあったという。犬小屋全体の御用地は二九万七六五二坪に及び、中野村だけでなく周辺の高円寺などの土地も収公された。犬小屋は五つの「御囲場《おかこいば》」に分けられ、「壱之御囲」が三万四五三八坪、「弐之御囲」「参之御囲」「四之御囲」がそれぞれ五万坪、「五之御囲」が五万七一七八坪、総面積が二四万一七一六八坪であった。(9)

幕府は元禄五年（一六九二）以前から犬の保護政策の一環として、犬小屋以外に預けて養育する制度を設けており、中野村をはじめとする周辺村落に犬が預けられた。この村預け費用として、宝永三年（一七〇六）から同五年までに金三万五〇〇〇両を費やした。中野犬小屋の犬を村落に預ける制度は元禄一二年頃から開始されたが、村落には一ヵ月に一匹当たり銀二匁五分（年間金二分）の「御犬養育金」が支給された。給付は毎年春と冬の二度に行われ、春分はその年の一〇月から翌年三月までの、冬分は翌年四月から九月までの費用に充当するというように、前倒しでの支給であった。元禄八年から御用地となっていた犬小屋の土地は、同一五年に代官今井九右衛門から中野村の百姓

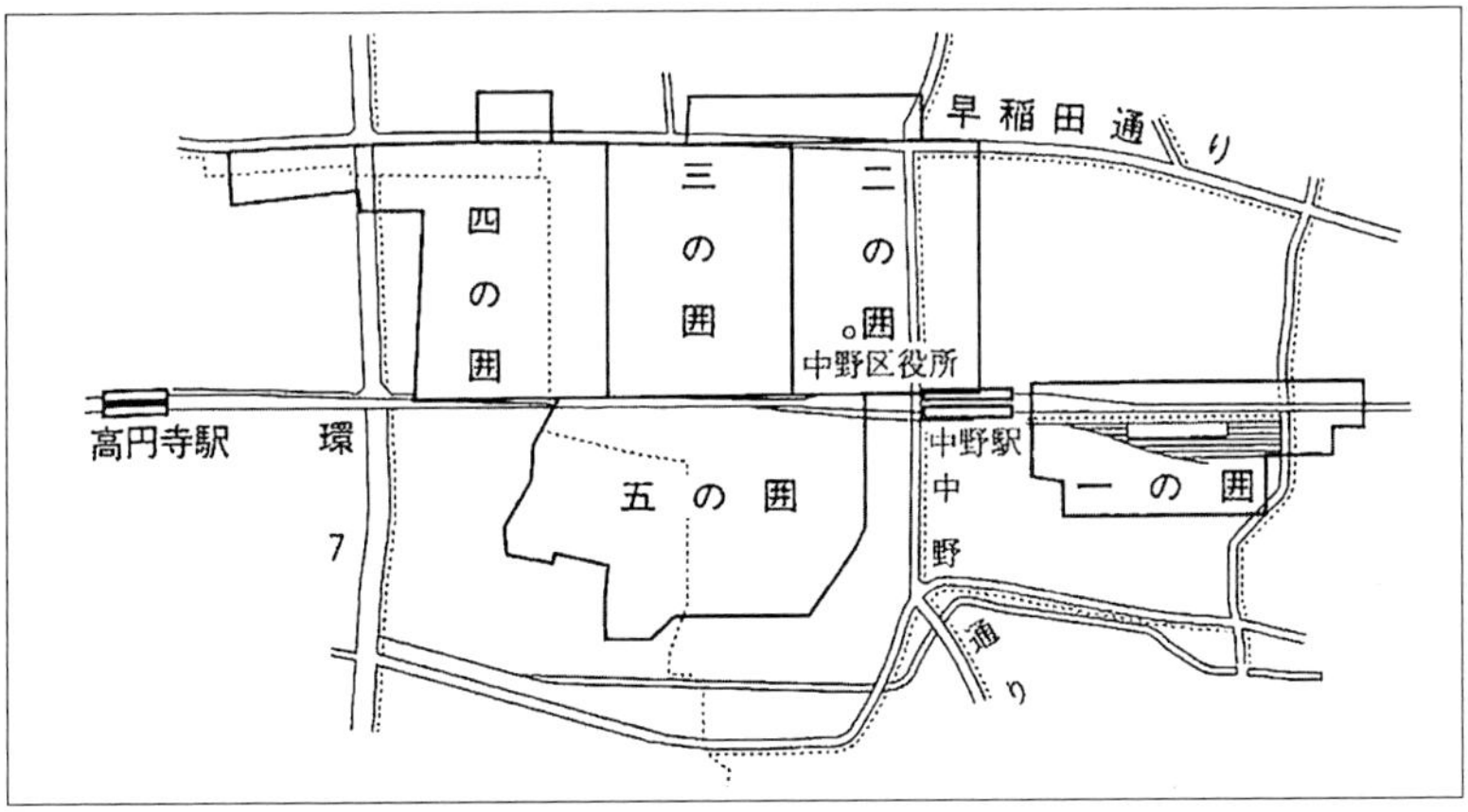

第1図　中野御犬囲場図

らに返却された。中野村の百姓らは、土地を犬小屋の御用地として召し上げられていた期間中、その面積に応じて年貢を免除された。その後、中野犬小屋は、宝永六年（一七〇九）正月に将軍徳川綱吉が死去したため撤去されることになった(10)。

二　江戸城の修築普請

手伝普請は重要な軍役の一つであり、諸大名は幕府への忠義として課役を負担し、御家（藩）の存続に努めた。一方、幕府は国家事業成功のため、いかに諸大名を動員させるかが重要課題であり、手伝普請の制度化によって幕藩体制の主従関係を構築したことは間違いない。まず、近世初期・前期における加賀藩の城郭に関する手伝普請をみておきたい。

徳川家康は、慶長一〇年（一六〇五）に将軍職を嫡男秀忠に譲り、駿府に隠居して大御所となった。この隠居に際し、同一二年三月には、加賀藩主前田利常・長州藩祖毛利秀就《ひでなり》・姫路藩祖池田輝政《てるまさ》などが駿府城二之丸の石垣普請に動員された。同年七月には天守閣が完成したものの、その直後の火災により天守閣・本丸御殿が焼失し、翌一三年三月に再び修築された。駿府城修築の命を受けた二代利長は、同一二年五月に弟の三代利常を派遣した。このとき、二代利長は普請現場に赴く家臣らに対し、

第２表　加賀藩の手伝普請（江戸前期）

年　代	藩主名	手伝普請名
慶長８年（1603）	２代 利長	江戸城拡張普請
慶長11年（1606）	２代 利長	江戸城石垣造築普請
慶長12年（1607）	２代 利長	駿府城二之丸修築普請
慶長15年（1610）	３代 利常	名古屋城二之丸築城普請
慶長19年（1614）	３代 利常	越後高田城築城普請
元和６年（1620）	３代 利常	大坂城二之丸外堀再築普請
寛永元年（1624）	３代 利常	大坂城本丸内堀再築普請
寛永５年（1628）	３代 利常	大坂城二之丸南外堀再築普請
寛永13年（1636）	３代 利常	江戸城外郭修築普請
万治元年（1658）	５代 綱紀	江戸城本丸・石垣・天守台修築普請

※『大日本史料』『徳川実記』『加賀藩史料』などにより作成。

他家の者との争いは当家側を成敗すること、町宿ではなく普請小屋で生活すること、酒は京盃三杯までとすることなど一七ヵ条の規律を定めていた。幕府の普請奉行は石垣普請などのスピードを諸大名に競わせ、その接続面などをめぐるトラブルが多かったため、規律中に喧嘩口論に関する条項が必ずみられた[11]。

大御所家康は、慶長一五年（一六一〇）二月に九男徳川義直の居城として名古屋城を新築するため、加賀藩主前田利常・福岡藩祖黒田長政・熊本藩祖加藤清正・広島藩祖福島正《まさ》則《のり》などの諸大名に手伝普請を命じた[12]。名古屋城は同年九月に完成し、町割の完成を経て尾張藩の居城となった。三代利常は加越能三ヵ国の村々から人足一〇〇〇人以上を動員したが、翌一六年二月には人足派遣を斡旋した各郡の村々に賞与額の規定触を出していた[13]。同時に二代利長の隠居城として整備が進められていた高岡城は、名古屋城の新築普請と重なったため、整備進捗に大きな影響がでたという。

大御所家康は、慶長一九年（一六一四）三月に六男松平忠輝《ただてる》の居城として越後高田城を新築するため、縄張を担当した仙台藩祖伊達政宗（忠輝の舅）をはじめ、加賀藩主前田利常・米沢藩祖上杉景勝・秋田藩祖佐竹義宣《よしのぶ》など北国・奥州の諸大名に手伝普請を命じた。(14)二代利長は同年二月二〇日に家老本多政重に対し、普請場に人足五〇〇人～一〇〇〇人を派遣すること、指物を用意すること、幕府と豊臣家の不穏な情勢から油断せず、精を入ることなどを厳命していた。(15)同年七月には三重櫓を中心に越後高田城の新築が完了したものの、豊臣家の対策として早急に築かれたため、石垣ではなく土塁を採用した。なお、越後高田城は酒井家・稲葉家・戸田家など大名が目まぐるしく替わる越後高田藩（一五万石）の居城となった。

豊臣秀吉が築いた大坂城は、慶長一九年から翌年の大坂の陣によって焼失した。幕府は元和元年（一六一五）に天領として大坂復興に着手し、同六年正月から八ヵ年を費やし、大坂城再建を行い、北国から九州に至る諸大名に手伝普請を命じた。元和六年の第一期では二之丸外堀（玉造口《たまつくりぐち》を除く）、寛永元年（一六二四）・翌二年の第二期では本丸内堀、同五年の第三期では二之丸外堀（玉造口）の普請が行われた。加賀藩は第一期に青屋口方面、第二期に山里丸方面、第三期に玉造口方面を担当した。普請奉行の横山長知《ながちか》・本多政重は、第一期の普請終了後に幕府側奉行から担当丁場の石垣のずれを指摘され、築き直すように命じられた。これに対し、横山は「主君利常が面目を失うため、横山・本多が切腹する」と申し出たため、幕府側が困惑して、そのまま丁場を引き取ったという。この一件は、加賀藩穴太《あのう》衆の準備不足が原因していたようだ[16]。第三期では加賀藩が第二組頭（四組中）となり、組内役高一一六万石分中の一〇〇万石分を占め、土台の礎石周辺に置く狭間石《さまいし》、石段に使用する雁木石《がんぎいし》を多く用いて玉造口普請を行った。このとき、三代利常は同五年二月に普請現場の家臣に対し、大坂城の普請中は幕府側奉行の意に従うこと、町宿ではなく普請小屋で生活すること、諸見物・夜歩き・銭湯や諸勝負を禁止すること、田畑を荒らすことを禁止すること、大坂の町人と争いがあれば、理由を問わず当家側を成敗することなど一五ヵ条の規律を定めていた[17]。

三代将軍家光は、寛永一三年（一六三六）正月に北国から九州に至る諸大名に江戸城の外郭修築普請を命じた。加賀藩前田家・熊本藩細川家など北国から九州の大名は石垣積、仙台藩伊達家・庄内藩酒井家・七日市藩前田家など奥州から関東の大名は堀の掘削を担当し、合計一二〇家の大名が動員された[18]。同年正月には前年に完了した二之丸橋台の石垣普請に続き、外郭修築が開始され、加賀藩では加越能三ヵ国から多数の人足を動員し、三代利常・嫡男光高（のち四代藩主）・次男利次（のち富山藩祖）・利治（のち大聖寺藩祖）などが連日普請場に赴き監督に当たるなか、天領伊豆国の伊豆石を用いて一つ橋より雉子《きじ》橋・神田橋・常磐橋・呉服橋・鍛冶橋・数寄屋橋・姫橋・幸《さいわい》橋までの堀之内や筋違《すじかい》橋の升形《ますがた》石垣普請を行ったという[19]。

江戸城は、明暦三年（一六五七）正月の明暦大火により天守を含めて外堀から内側が焼失した。このとき、加賀藩・七日市藩（加賀支藩）の辰口邸も類焼する被害を受けた。幕府は江戸城下の復興を進めるとともに、同年二月には譜代大名の長岡藩祖牧野忠成《ただなり》・岩槻藩主阿部定高《さだたか》などに石垣普請を命じた。次いで、翌年三月には本丸修築が外様大名の加賀藩主前田綱紀・松代藩主真田信政《のぶまさ》などに命じられ、大手門台・蓮池《はすいけ》門台などの石垣が万治元年（一六五八）九月に修築されたものの、城下の復興を重要課題とする会津藩主保科正之《ほしなまさゆき》（三代将軍徳川家光の弟）の提案により天守は再建されなかった。加賀藩主五代綱紀は、明暦三年九月に江戸城天守台の造営を命じられ、翌年九月に完成させて幕府の普請奉行に引き渡した。このとき、加賀藩主五代綱紀は加越能三ヵ国の人足一万人を動員し、祖父利常・父利次らがしばしば激励するなかで、瀬戸内産の御影石《みかげいし》（花崗岩）を用いて一厘《いちりん》（〇・三ミリ）のひずみもない天守台を修築したという。[20]なお、手伝普請は、他の課役・重職を担っている藩に対し軽減あるいは免除する処置がとられ、江戸中期には尾張藩（名古屋藩）・紀州藩（和歌山藩）・水戸藩・加賀藩、老中など要職在任中の藩、溜間詰《たまりのまづめ》の大名、長崎警固を担う佐賀藩・福岡藩などが免除されていた。[21]

次に、大聖寺藩における江戸城の修築普請についてみよう。四代利章は、享保一七年（一七三二）閏五月に幕府の老中から江戸城虎之門の修築普請を命じられた。四代利章から普請奉行を命じられた家老野口兵部は、同月下旬より工事に懸かり、一一月に完成させて、一二月朔日に幕府の普請奉行に引き渡した。このとき、幕府役人から殿中で普請奉行の野口兵部に白銀三〇枚・時服《じふく》三・羽織一が、同役人の菅谷兵太夫・稲垣與右衛門に白銀二〇枚・時服三・羽織一が、寺西甚左衛門・杉山勘右衛門・和田甚五右衛門に白銀一〇枚・時服三枚・羽織一枚が与えられた[22]。

五代利道は、明和六年（一七六九）正月二九日に幕府の老中から米沢藩主上杉治憲《はるのり》（一五万石）・松江藩主松平治郷《はるさと》（一五万石）・鳥取藩主池田重寛《しげのぶ》（三五万石）らとともに江戸城西之丸内外の修復助役を命じられた[23]。五代利道は同年二月一二日に家老山崎権丞を加賀藩に遣わし、江戸城西之丸助役に対する合力を求めた。その後、加賀藩の年寄衆は相談のうえで同年八月一一日に至り「一万石に付五十両宛御用金」を決定し、大聖寺藩に支援金三五〇両を支給した[24]。大聖寺藩は江戸城西之丸助役費金一万両に苦しみ、翌七年三月には家中三〇〇石以上に対し二ヵ年の半知借上を命じた。

三　三州吉田橋の掛替普請

五代利道は、宝暦元年（一七五一）一二月に幕府の老中から三州吉田橋掛替普請の助役を命じられた。三州吉田橋（現豊橋《とよばし》）は、三河国吉田藩（譜代中藩、豊橋藩）領の吉田城下を流れる豊川に架かる東海道屈指の橋（長さ一二〇間《けん》＝約二一八メートル）である。五代利道は幕府からの奉書を受け取ると、すぐに総奉行に家老野口兵部を任命するとともに、助役の準備を進めた[25]。

○総奉行野口兵部、○元締駒沢宇右衛門・堀江弥左衛門、○御普請奉行和田豊太夫・野尻後藤太・土山金吾、○割元山崎與蔵・時枝金太夫、○同下役鏑木藤太夫・田辺小右衛門、○石方田中弥吉・吉田勘兵衛、○同下役廣田湍太夫・和田源蔵、○御場所廻り御目付宮部新五兵衛・山口半左衛門、○同下廻り会田庄五郎・早水久五郎、○鋳物鍛冶早崎弥平太・秋野吉左衛門、○同下役松野小右衛門・舟見長蔵、○取木方守岡多仲・竹内源兵衛、（以下二七人略）

公儀御役人付

○御勘定奉行曲淵豊後守二千五百石、○同吟味役井沢弥三兵衛五百石、○御目付雨宮権左衛門千三百五十石、○在方御普請役元締佐久間善治郎、○御普請役保田久左衛門・葛葉作十郎・直井杢左衛門・下山官次郎・山田豊蔵・秋月伝蔵、（以下五人略）

請　負　人

○遠州や伝七・江市や宗助・石や半四郎・丸田や清兵衛・木田や清五郎。橋懸方諸人足小屋場矢来等廻船一式。○右橋日用並平日用のとや彦六・藤沢や伝右衛門、○御馬飼料藤や源右衛門、○賄方鎰や清五郎、○洗場布袋や五兵衛、○畳縁取筵行燈其外小買もの伊勢や徳兵衛・大津や次郎兵衛・万や三郎兵衛。

総奉行野口兵部は、同年一二月二四日に大聖寺を発足して江戸に向かい、翌二年正月に到着して種々の準備を行ったのち、二月七日に江戸を発足して一三日に吉田に到着した。諸役人も一度江戸に赴き、東海道を経て吉田に至ったが、直ちに吉田に赴く者もあった。このとき、幕府も係員を任命して、普請などを監督した。総奉行野口兵部以下の諸役人は、下地村の小屋場の一郭内に宿泊し、工事はすべて町人請負により行われた。普請は同二年二月に始まり、同年五月に完成して、同月一三日に渡初式を行った。この普請費は金二万三六五〇両であったという。野口兵部は渡初式の翌日に吉田を発足して江戸に向かい、二二日に江戸藩邸に入って普請完成の報告を行った。同年六月には大聖寺藩邸で功労式が行われ、野口兵部や諸役人に白銀・時服・羽織などが与えられた。

　ところが、五代利道は、同三年七月二六日に幕府の老中から再び三州吉田橋の掛替を命じられた。この原因は明確でないが、前回の普請に欠陥があったためという。五代利道は総奉行に一色五左衛門、割元役に岩原武左衛門・井上左太夫らを命じ、翌四年三月一三日に普請費金三万両余を投じて竣工した。

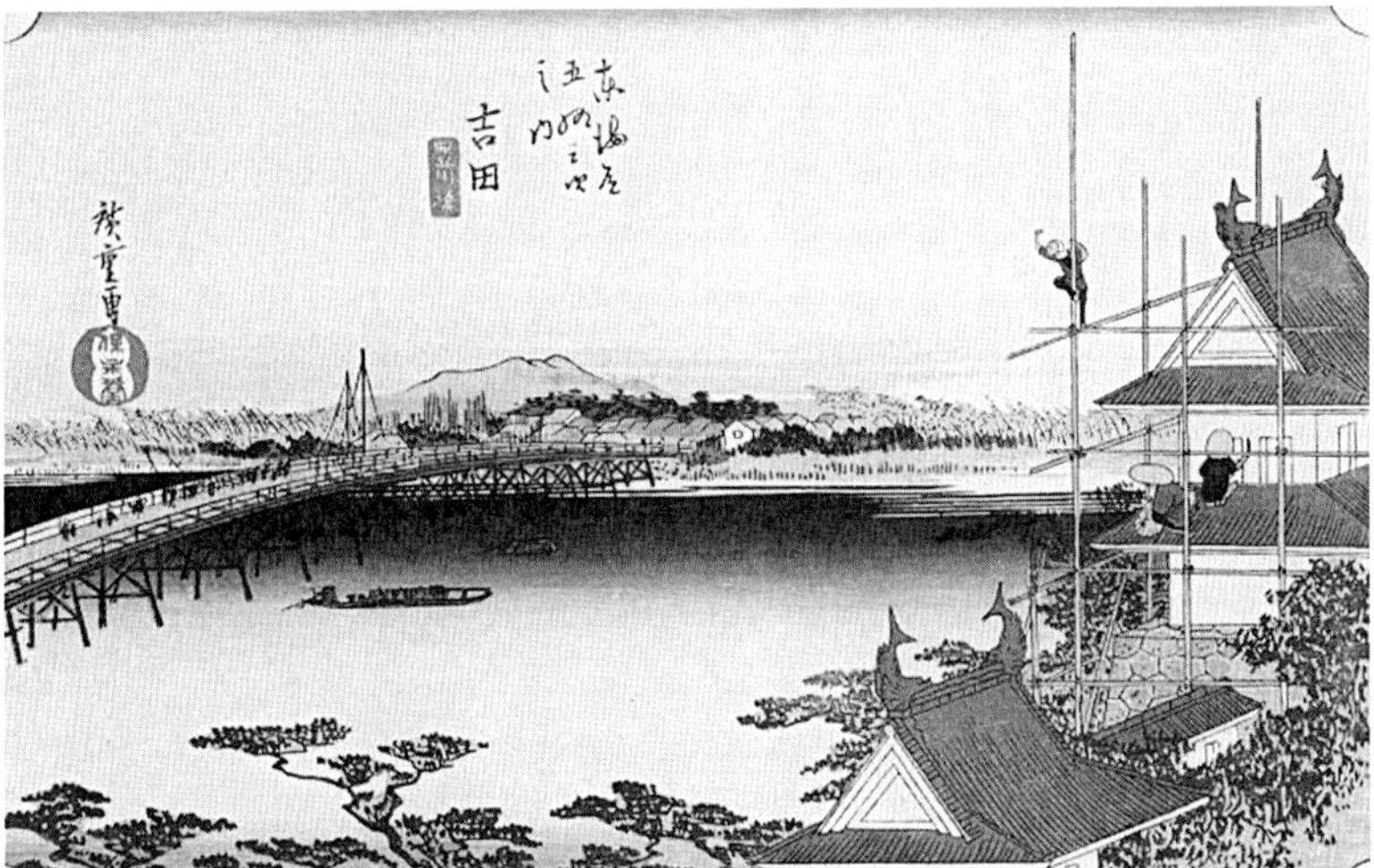

吉田宿（歌川広重『東海道五拾三次』所収）

二度の普請費は金五万三〇〇〇両余に達したが、これは加賀藩の援助金、藩士の借知、町人・農民らの御用金などに求められた[26]。

五代利道は、同四年四月四日に三州吉田橋の建築不首尾につき責任を負って「指扣《さしひかえ》」(指控え)すべきや否やの伺書を幕府に提出した。これに対し、幕府は「翌五日御指扣に不及旨、御付札に而被仰渡候由」と[27]、指扣の必要を否定した。ただ、大聖寺藩では足軽二人を軽追放、中間二人を江戸払に処すとともに、同年一一月二五日に至って一次三州吉田橋の掛替普請に関与した責任者らを処分した[28]。すなわち、総奉行の家老野口兵部は知行高一五〇石を減じて隠居、家老山崎権丞は隠居、稲垣與右衛門は七〇石を減じて被免を命じられた。このほか、多くの徒士は減知や御暇を命じられた。翌年には家臣に半知借上を命じ、大聖寺町人に対し金二〇〇〇両の御用金を課し、承諾しない町人を追込または禁牢の刑に処した。この二度に亘る三州吉田橋掛替普請を契機に、大聖寺藩は調達金や献金を得るため北前船主らに苗字帯刀を許可し、扶持高や十村格・士分格を付与するとともに橋立・塩屋・瀬越など在郷に居屋敷を与え、なかには大聖寺城下に移住させて武士にも登用した。

最後に、大聖寺藩の東海道筋川々普請についてみよう。江戸中期には河川の手伝普請が多くなり、宝永元年(一七〇四)の大和川(河内国境)改修工事、寛保期(一七四一～四三)の関東水損地域の河川・堤防改修工事、宝暦期(一七五一～六三)の木曽川・長良川・揖斐《いび》川の治水工事(宝暦治水)などが行われた[29]。八代利考は、寛政三年(一七九一)六月二日に幕府の老中から東海道筋甲州川々普請の助役を命じられた。前掲『政隣記』には「但金納に而一万二百両御上納之筈」とあり[30]、この助役では御手伝方の役人が現地に出張することなく、領知高に応じて普請費用の分担金を一定期間内に幕府に納入する方法に簡素化されていた。その後、享和二年（一八〇二）九月に八代利考が命じられた東海道筋甲州等川々普請、天保七年（一八三六）四月に九代利之が命じられた東海道筋川々普請、弘化四年（一八四七）五月に一一代利平が命じられた関東筋川々普請および文化一〇年（一八一三）一二月に九代利之が命じられた紅葉山御宮并御霊屋普請なども、領知高に応じた普請費用の分担金が幕府に納入された[31]。こうした公儀普請費に対し、藩は従来通り町人（町方）・農民（郡方）をはじめ、橋立・塩屋・瀬越浦などの北前船主らに御用金を命じた。

註

(1)『国史大辞典9』（吉川弘文館）八九四～八九五頁

(2) 根崎光男『生類憐みの世界』（同成社）一二五頁

(3)『国史大系・徳川実紀第六篇』（吉川弘文館）一二六頁

(4) 前掲『生類憐みの世界』一二八頁

(5)『加賀藩史料・第五編』（清文堂）三三九頁

(6)『大聖寺藩史』（大聖寺藩史編纂会）一二二頁

(7)『加賀市史料六』（加賀市立図書館）六八頁。前記『政鄰記』によれば、加賀藩では、元禄八年（一六九五）一二月に江戸上屋敷・中屋敷・下屋敷にいる犬を取調べ、江戸屋敷全体で二四一四匹の犬数が確認された（前掲『加賀藩史料・第五編』三三七～三三八頁）。江戸中期の『御算用場留書』によれば、江戸幕府は宝永四年（一七〇七）四月四日と同月一二日にそれぞれ犬二匹を大聖寺藩に預けた。四月四日に江戸から大聖寺に送られてきた二匹のうち一匹は郡奉行から米五升をつけて九谷村肝煎四右衛門に、一匹は同様に杉水村肝煎佐兵衛に預けられ、六日後の四月一二日に送られてきた二匹のうち一匹は同様に米をつけて上新保村肝煎孫与門に、一匹は真砂《まなご》村肝煎孫太夫に預けられたという（『加賀市史・通史上巻』加賀市史編纂委員会、五五一頁）。

(8) 根崎光男『犬と鷹の江戸時代〈犬公方〉綱吉と〈鷹将軍〉吉宗』（吉川弘文館）八〇～八一頁および『正宝事録』（近世史料研究会）三一三頁

(9) 大石学『江戸幕府大事典』（吉川弘文館）五七二頁

(10) 前掲『生類憐みの世界』一三五～一三六九頁

(11) 前掲『加賀藩史料・第二編』二七～二七頁

(12) 前掲『国史大系・徳川実紀第一篇』五一〇頁
(13) 前掲『加賀藩史料・第二編』八二～八三頁
(14) 前掲『国史大系・徳川実紀第一篇』六五五頁
(15) 前掲『加賀藩史料・第二編』一九六頁
(16) 『右同』四六三～四六四頁。加賀藩には、穴太家（のち奥家）・後藤家・戸波家などの石垣職人が家臣として召し抱えられていた。なお、後藤家は近江穴太衆の出身ではなく、後藤又兵衛の弟杢兵衛（彦八）を初代とする。
(17) 『右同』五六二～五六五頁
(18) 前掲『国史大系・徳川実紀第三篇』一～二頁
(19) 前掲『加賀藩史料・第二編』七七一～七七二頁
(20) 『右同・第三編』五三一～五三二頁、五三七～五三八頁、五五三～五五九頁
(21) 加賀藩主一三代前田斉泰《なりやす》は、天保九年（一八三八）三月一六日に名古屋藩主や和歌山藩主など一一藩主とともに、幕府の老中から江戸城西之丸の修復助役金総額五八万三一五六両中の一五万三七五〇両を命じられた（『右同・第拾四編』八七三～八七五頁
(22) 『右同・第六編』七八一～七八二頁
(23) 『右同・第八編』五五〇～五五一頁
(24) 前掲『加賀藩史料・第八編』五六〇頁
(25) 前掲『大聖寺藩史』一七〇～一七二頁
(26) 『秘要雑集』（石川県図書館協会）三七頁
(27) 前掲『大聖寺藩史』一七三～一七四頁
(28) 『右同』一七四頁
(29) 薩摩藩が宝暦四年（一七五四）二月から同五年五月まで家老の平田靱負《ゆきえ》をはじめ、藩士九四七人（自害五一人、病死三

三人）を派遣して行った木曽三川（木曽川・長良川・揖斐川）の分流治水工事費は、木材一二万六五五九本（御材木を含む）、粗朶《そだ》七〇〇束、唐竹一七二万八七〇九本、葉付竹一万四一三五本、石材四万一七二四坪一合、砂利土二〇万三四〇三坪九合、藤一万五〇一房、空俵一六万二八七〇俵、縄五万五四〇四房など材料費を中心に金四〇万両（借金二二万両）に達した（伊藤信『宝暦治水と薩摩藩士』郷土出版社、二六〇～二六九頁、三六一～三六三頁）。

(30) 前掲『加賀藩史料・第拾編』二二九頁

(31) 紅葉山御宮并御霊屋普請の上納金は、文化一一年（一八一四）九月三日に幕府に皆納された（前掲『加賀市史料六』二二九頁）。

第九章　災害・飢饉と大聖寺藩

一　領内の火災

江戸時代には自然災害を中心に多くの災害が発生し、寛永・享保・天明・天保の「江戸の四大飢饉」をはじめ、百数十回に及ぶ飢饉《ききん》や慶長・元禄・宝永・安永など十数回に及ぶ大地震のほか、火災・風水害・冷害・旱害《かんがい》・虫害《ちゅうがい》・獣害《じゅうがい》・津波・流行病《はやりやまい》などが発生した。これらの災害に対し、幕府は減災・復興対策をシステム化して、被災者を収容する仮小屋の設置、金銭・米の拠出や貸借《たいしゃく》などを行うとともに、近隣大名・旗本・寺社・大商人などからの支援体制を整えた。享保の飢饉（蝗害《こうがい》）では飢人二四六万人、餓死人一万二一七二人以上が出たため享保改革が、天明の飢饉（冷害、浅間山噴火）では餓死人・疫死人三〇万以上が出たため寛政改革が、天保の飢饉（冷害、大風）では餓死人・疫死人二〇～三〇万人が出たため天保改革が実施された。火災対策では火消し組の制度化、放火への厳罰化、火除け地・広小路の確保、瓦葺きや土蔵造りの採用などを、水害対策では大名の自普請や手伝普請（公儀普請）による治水工事など減災対策を講じた。諸藩でも、幕府に類似した「救済マニュアル」を作成し、減災・復興対策に力を入れた。

百姓一揆や打ち毀しはそれほど頻繁に起きたわけではないが、火災・水害などの災害は、度々大聖寺城下や郡方の村々を襲った。元禄六年（一六九三）七月一四日に発生した大聖寺大火は、藩士内田八右衛門宅の燈籠から出火し、強風に煽《あお》られ飛び火して藩邸や藩士高橋吉左衛門・河野三左衛門・横倉弥左衛門・石黒市郎右衛門・大野甚丞などの侍屋敷および上福田村の大半の民家を焼失させた。藩邸では、御広式に延焼したのち御書院・御用所・御算用場など殿閣《でんかく》や隣接する御露地（庭園）の御《お》亭《ちん》・傘《からかさ》御亭《おちん》などを悉く焼失して御門のみが残った。このとき、郡奉行の川崎六右衛門は、西ノ庄の村々から農民数十人を集めて屋敷の防火に当てたため御暇を命じられた。なお、焼失した藩邸や御露地の再興は遅く、三代利直が初入部した宝永元年（一七〇四）六月にはまだ修復しておらず、三代利直は五ヵ月間ほど家老神谷守応の屋敷に居住したという。[1] 第三章の註4で述べたように、二代利明は延宝七年（一六七九）に御露地御細工人の塚本吉右衛門に命じて、御露地の築山と池泉の境に御亭（山月亭か）を、その近くの築山に傘御亭を建造していたが、これらは他の建造物とともに同大火により類焼したという。その後、三代利直は初入部した宝永元年一二月に藩邸御露地の築山に天満宮（のち松島天満宮）を、二度目に入部した同六年一一月には外御露地に川端御亭《かわばたおちん》（長流亭）を建造していた。

享保一四年（一七二九）四月二九日に発生した大聖寺大火は、大聖寺城下の中新道・越前町・関町・中町・福田町・寺町・京町・旅籠町・東魚町・本魚町・観音町などを延焼し、藩邸内の御算用場・会所、福田町の御塩蔵などをはじめ、侍屋敷や町屋および寺院などを多く焼失させた。[2] 津田政隣《まさちか》が文化一一年（一八一四）に著した『政隣記《せいりんき》』には、「中新道と中所より出火、家数四百軒余焼失」とある。[3]

第１表　領内の火災

年　　代	月　日	事　　項	出　　典
元禄６年（1693）	7.14	大聖寺大火、焼失戸数不明	秘要雑集
享保14年（1729）	4.29	大聖寺大火、焼失400戸余	清水長勅日記
宝暦８年（1758）	2.20	大聖寺大火、焼失200戸余	御算用場日記
宝暦10年（1760）	2.7	大聖寺大火、焼失1252戸	聖藩年譜草稿
安永２年（1773）	3.1	大聖寺火災、焼失49戸	清水長勅日記
安永２年（1773）	8.7	大聖寺火災、焼失９戸	清水長勅日記
安永３年（1774）	10.5	大聖寺火災、焼失88戸	日記頭書
寛政８年（1796）	4.6	大聖寺大火、焼失120戸余	笠間亨日記
寛政８年（1796）	7.26	山中村火災、焼失86戸余	寝覚の蛍
享和２年（1802）	12.1	大聖寺火災、焼失戸数不明	日記頭書
文化元年（1804）	7.26	塩屋村大火、全焼	笠間亨日記
文化４年（1807）	3.12	敷地村火災、焼失40戸余	清水長裕日記
文化５年（1808）	2.23	山中村大火、焼失115戸	笠間亨日記
文化８年（1811）	6.29	敷地村大火、焼失23戸	清水長裕日記
文政６年（1823）	11.3	串茶屋大火、大半焼失	御幸の光り
文政９年（1826）	10.20	塩屋村火災、焼失12戸	御算用場年代記
文政11年（1828）	3.24	大聖寺火災、焼失４戸	御算用場年代記
天保元年（1830）	5.3	大聖寺火災、焼失30戸余	聖藩年譜草稿
天保２年（1831）	9.	串村大火、焼失100戸余	聖藩年譜草稿
天保２年（1831）	10.8	大聖寺火災、焼失23戸	聖藩年譜草稿
天保５年（1834）	3.2	大聖寺火災、焼失７戸	聖藩年譜草稿
天保８年（1837）	3.26	大聖寺火災、焼失16戸	聖藩年譜草稿
天保11年（1840）	4.17	大聖寺火災、焼失２戸	聖藩年譜草稿
嘉永元年（1848）	5.18	大聖寺火災、焼失21戸	西尾文書
安政６年（1859）	7.13	大聖寺火災、焼失20戸余	青池弥右衛門日記
万延元年（1860）	7.16	串村大火、焼失100戸余	春暁首尾摘要談話
万延元年（1860）	9.	塩屋村火災、焼失50戸	近世江沼変革録
万延元年（1860）	10.14	大聖寺火災、焼失24戸余	青池弥右衛門日記
明治４年（1871）	6.16	塩屋村大火、焼失110戸	竹内長裕手記

※『加賀藩史料』『大聖寺藩史』『加賀市史』『加賀市史料』「山長文書」などにより作成。

宝暦八年（一七五八）二月二〇日に発生した大聖寺大火は、町屋の富屋茂右衛門宅から出火し、折からの強風で旅籠町（焼失家屋一六七戸）を中心に周辺の各町に広がって、藩邸や侍屋敷を除く町屋二〇〇戸余を焼失させた。(4)

宝暦一〇年（一七六〇）二月七日に発生した領内最大の大聖寺大火は、中新道袋町の江戸詰足軽宅から出火し、折からの強風で城下の半数に及ぶ家屋一二五二戸を焼失させた。すなわち、この大火では、中新道袋町・観音町・魚屋町・東西関町・越前町・三ッ屋・五間丁・一本町・中筋通り・馬場・本町通り・京町通り・山田町通り・鍛冶町・荒町・寺町・法花坊・鷹匠町通り・殿町・福田町・中丁・八間道・新橋通り・馬場丁・片原町・新町・相生町・十一町や上福田村などが焼失した。江戸後期の「宝暦十歳火災一件類焼等覚」によれば、役所三ヵ所（御算用場・会所・吟味所）、御用屋敷一ヵ所、侍屋敷一一六軒、小給人屋敷一八八軒、町屋六二八軒、竈数七四三個、土蔵五七戸、水戸一三ヵ所、制札場一ヵ所、時鐘楼一ヵ所、寺院五ヵ所（一向宗豪摂寺・本善寺・願成寺・慶徳寺、山伏福寿寺）、橋数一ヵ所、百姓家六七軒、竈数九七個、小屋二四八軒、蔵米三〇〇石などを焼失し、死人五〇人余、怪我人三〇人などの被害を出した。(5)右のように、寛文七年（一六六七）に二代利明の命により創建された時鐘堂も、享保一四年（一七二九）の大聖寺大火に続いて焼失し、文化一四年（八一七）に九代利之の命により再建された。大火後、藩は飯米として家老に五石、人持に三石、諸頭に二石、平士に一石、徒士に五石、足軽に五斗、小人に五斗、一向宗四ヵ寺に二石、福寿院に一石、町人一〇人に五斗を与えた。

寛政八年（一七九六）四月六日に発生した大聖寺大火は、魚町の油屋から出火し、折からの強風で東西魚町・五間町・一本橋町・観音町・中町・馬場などに広がって、侍屋敷数戸を含む家屋一二〇戸余を焼失させた(6)。

文化五年（一八〇八）二月二三日に発生した山中村大火は、寿経寺前の町屋から出火し、折からの強風で村域の大半に及ぶ家屋一一五戸と土蔵一二戸を焼失させた(7)。このとき、半焼した湯座屋《ゆざや》（上湯《あがりゆ》・下湯《しもゆ》・瘡《かさ》

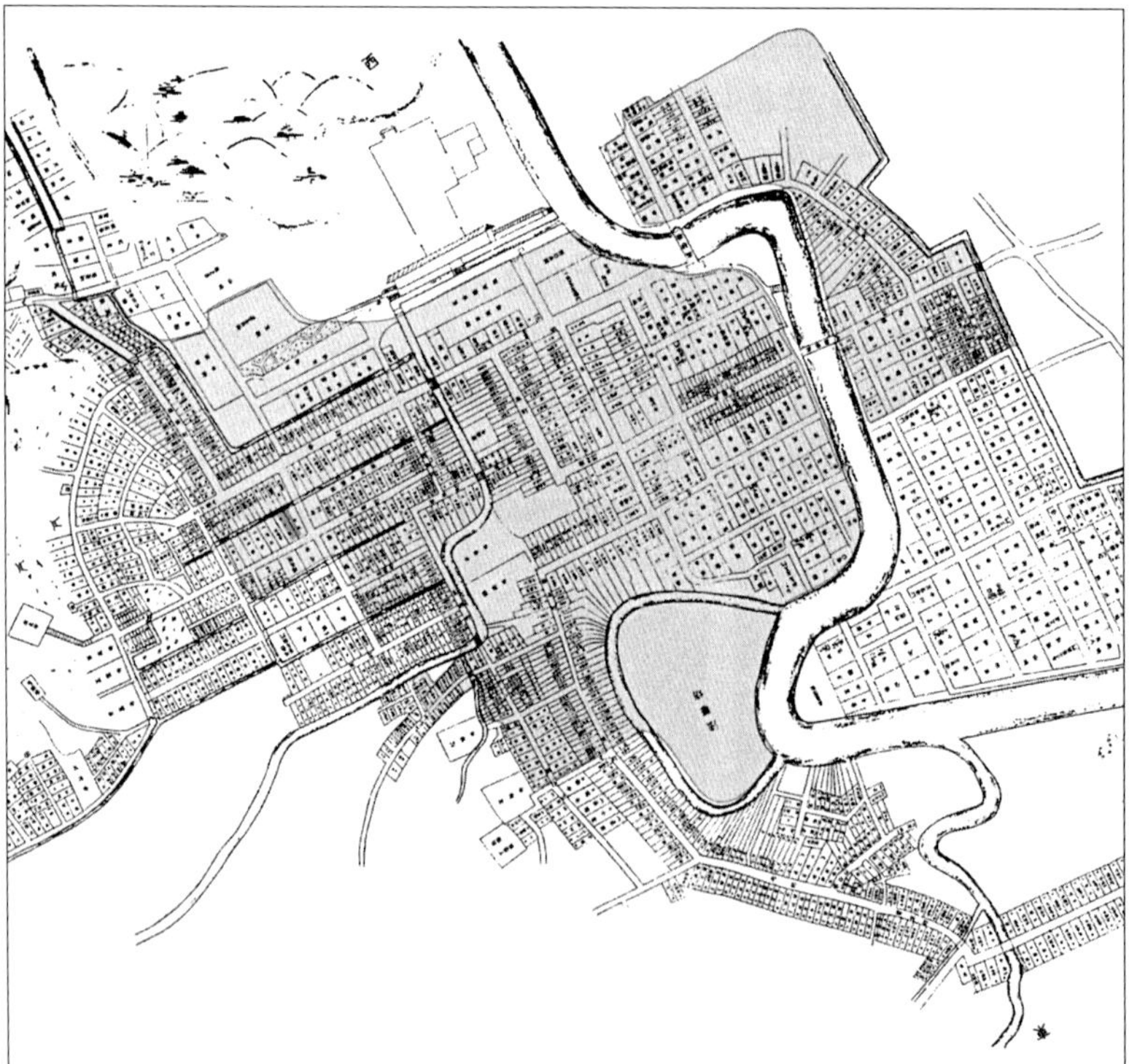

第１図　宝暦十年大火延焼推定図（『大聖寺町史』所収）

第２表　江戸藩邸の火災

年　　代	月　日	事　　項	出　　典
天和２年（1682）	12.28	上屋敷類焼、寄合所焼失	日記頭書
元禄16年（1703）	11.29	上中屋敷類焼	一蓬君日記
正徳２年（1712）	11.22	下屋敷火災、厩小屋焼失	一蓬君日記
享保６年（1721）	3.4	下屋敷類焼	日記頭書
享保15年（1730）	1.12	上中屋敷類焼、御門厩焼失	聖藩年譜草稿
元文３年（1738）	1.29	上屋敷類焼、御屋形焼失	聖藩年譜草稿
明和８年（1771）	10.18	中屋敷類焼、全焼	日記頭書
安永元年（1772）	2.29	中屋敷類焼、全焼	清水長敕日記
安永９年（1780）	3.14	下屋敷火災、小屋焼失	日記頭書
寛政13年（1801）	7.	中屋敷火災、小屋焼失	日記頭書
文化10年（1813）	1.23	下屋敷火災、横竹垣焼失	日記頭書
文化10年（1813）	6.20	下屋敷火災、足軽小屋焼失	聖藩年譜草稿
文政８年（1825）	12.9	上屋敷類焼、長屋焼失	聖藩年譜草稿

※『加賀藩史料』『大聖寺藩史』『加賀市史』などにより作成。

湯《ゆ》から成る惣湯）は、翌年から数年をかけて再建されたという。

江戸藩邸の上屋敷（本郷茅町）は天和二年（一六八二）、元禄一六年（一七〇三）、享保一五年（一七三〇）、元文三年（一七三八）、文政八年（一八二五）などに、同中屋敷（下谷池の端）は元禄一六年、享保一五年、明和八年（一七七一）、安永元年（一七七二）、寛政一三年（一八〇一）などに、同下屋敷（千駄木）は正徳二年（一七一二）、享保六年、安永九年、文化一〇年（一八一三）などに火事や類焼により焼失した。江戸藩邸には駈付《かけつけ》人足の制があり、能登屋の人足二五人が当てられており、平常一人に月銀七匁八分（出動に一匁五分、消防に二匁五分を加増）が支給されていた。

幕府は寛永二〇年（一六四三）に大名火消の

制を設け、元禄期（一六八八～一七〇三）には定火消の制を定めて諸大名に上野寛永寺、芝増上寺、根津権現、湯島聖堂、浅草御蔵などの火消番を命じた。この定火消は譜代大名が多く任命され、外様大名は上野・浅草・湯島などに限られていた。いま一つ、諸大名には三町火消の制があり、江戸藩邸付近の消防に出動しなければならなかった。三代利直は元禄九年（一六九六）に上野寛永寺の火消、同一一年に湯島聖堂の火消、宝永二年（一七〇五）に山里の火消を、四代利章は正徳二年（一七一二）に根津権現の火消、享保二年（一七一七）に江戸北方角の火消、同六年に浅草御蔵の火消、同七年に上野三町の火消を、八代利考は寛政六年（一七九四）に浅草御蔵の火消を、九代利之は天保六年（一八三五）に浅草御蔵の火消を、一〇代利極は同九年に浅草御蔵の火消を命じられた(8)。

大聖寺城下の消防組織は、元禄・宝永期（一六八八～一七一〇）の大火を教訓として、享保三年（一七一八）七月に大井市正を火消兼役に命じたのが始まりという。このころ、藩士・徒士が火事装束《しょうぞく》を身に着けて藩邸に出向き、足軽・小者が御用所付の割場に集合して二〇～三〇人の組分かれ、割場奉行が引率して火事現場に出動する「定火消」体制が組織された。足軽・小者の一組は、高提灯《こうちょうちん》人足一人、纏《まとい》人足一人、才領《さいりょう》人足一人、梯子《はしご》人足四人、水溜箱《みずためばこ》人足四人、水汲《みずくみ》人足五人、長鳶《ながとび》足軽一〇人、小頭二人など二〇～三〇人で構成されていた。大火の場合、在国の藩主はしばしば火事場に出馬して火消役以下の諸役を激励した。

また、御算用場は享保八年（一七二三）に被災者に救護米を支給し、家屋建造の建材として松山（藩

第３表　大聖寺藩の火事人足（享保期）

詰所人数	詰所人足数
割場詰（110人）	上福田（30人）、熊　坂（30人）、細　坪（15人）、長　井（18人）、荻　生（14人）
実性院詰（64人）	右（30人）、奥　谷（12人）、熊　坂（22人）
御算用場詰（36人）	南　郷（13人）、岡（３人）、敷　地（16人）吸　坂（４人）
永町御蔵詰（146人）	三　ッ（10人）、上　木（10人）、南　郷（21人）、下河崎（９人）、上河崎（20人）、敷　地（12人）、山　田（12人）、菅　波（12人）、大菅波（15人）、作　見（10人）、曽　宇（15人）
塩蔵詰（62人）	百　々（５人）、極楽寺（10人）、下福田（47人）
敷地福田橋詰（20人）	弓　波（10人）、冨　塚（10人）
火本詰（177人）	黒　瀬（20人）、上河崎（20人）、中　代（20人）、保　賀（10人）、高　尾（10人）、菅　生（７人）、熊　坂（５人）、直　下（15人）、日　谷（15人）、山　代（45人）、加　茂（15人）
敷地天神宮詰（20人）	天日茶屋（３人）、吸　坂（５人）、下河崎（３人）、作　見（５人）、弓　波（４人）
山中御蔵詰（50人）	下　谷（10人）、菅　谷（20人）、栢　野（10人）、塚　谷（10人）
串御蔵詰（60人）	串（40人）、村　松（３人）、松　崎（２人）、日　末（15人）
両奉行附（100人）	塩　浜（14人）、小塩辻（10人）、高　尾（10人）、三　ッ（５人）、下福田（４人）、上福田（３人）、南　郷（４人）、〆50人塚谷

※『大聖寺藩史』により作成。

有林）の松木（赤松）などを下付する法令を定めた。同一二年（一七二七）頃には、類焼人の人持《ひともち》が松木八〇本、頭《かしら》が七五本、平士が五五本、御徒小頭が三〇本、御徒が二〇本、門内居住平士が三八本、門内居住御徒が一五本を、類焼人百姓の高一〇石以下が松木六本（目《め》通《まわり》二尺＝六〇センチ～二尺五寸＝七五センチ）、一一～二〇石が二〇本、二一～三〇石が二五本、三一～四〇石が三〇本、四一石以上が三五本を拝領する規定が

第4表　類焼人の松木下附（享保12年）

武　士	下附数	百　姓	下　附　数
人　持	松80本	41石以上	松35本（2尺5寸廻り21本、2尺廻り14本）
頭　取	松75本	31～40石	松30本（2尺5寸廻り18本、2尺廻り12本）
平　士	松55本	21～30石	松25本（2尺5寸廻り12本、2尺廻り13本）
御徒小頭	松30本	11～20石	松20本（2尺5寸廻り12本、2尺廻り8本）
御　徒	松20本	10石以下	松6本（2尺5寸廻り9本、2尺廻り6本）
門内平士	松38本		
門内御徒	松15本		

※『大聖寺藩史』により作成。なお、町人や百姓は数本の松木が下附された。

できた。同時に、百姓の類焼人は、草高一〇〇石に玄米一六石を除米として一五年賦（無利子）で貸し渡す制度を設けた。(9) なお、藩主の避難場所は、享保中期に藩邸から大聖寺川を下った荻生村の稲荷神社に移されたという。

その後、御算用場の勘定頭は、永町御蔵・瀬越御蔵・山中御蔵・串御蔵および給知蔵などが類焼する恐れがある場合、その周辺の村々から農民を火消人足として出動させた。文政五年（一八二二）の「火事之節心得方之事」によれば、永町御蔵には三ッ・上木・上河崎・下河崎など一一ヵ村から人足一四八人、瀬越御蔵には瀬越・永井など五ヵ村から人足六〇人、山中御蔵には下谷・菅谷など五ヵ村から人足五〇人、串御蔵には串・村松など四ヵ村から人足六〇人を出動させた。(10) このほか、御用所は御算用場・割場・塩蔵（福田町）や敷地天神社・神明社などの火災に際し、家臣や町人の火消とともに農民を火消人足として出動させた。

二　領内の水害と風害

大聖寺城下は低湿地であり、そこを貫流する大聖寺川（山中川・敷地川）の傾斜は緩やかで大きく曲流していた。さらに、三谷川・熊坂川・細坪川などの支流が城下内で合流していたため、増水期には流速が鈍り、下流から逆流して洪水が発生した。藩政初期には大聖寺川が敷地橋から南下して木呂場で三谷川（菅生川）と合流し、荒町・鍛治町・山田町裏で「犀《さい》ヶ《が》淵《ふち》」という深みを形成し、そこで大迂回をして福田橋に至っていたため、大聖寺川の増水時には犀ヶ淵が崩壊して、三町の家屋が倒壊する恐れがあった。

二代利明は、この危険な犀ヶ淵をなんとかしてほしいという町人らの願書を受け、寛文一三年（一六七三）六月に同淵を埋め立て、弁天社（水守神社）から一直線に新川道を開鑿した。この川普請は、人夫四六一三人、工費銀二九三貫九一〇匁、黒瀬・吸坂両村から伐採した川除松杭八〇〇本を使用し、約一ヵ月で完成した。また、延宝八年（一六八〇）には三ツ村に土堰を造り、元禄元年（一六八八）には永井村の石切場を切り開くなど川普請を何度も行ったものの、城下の洪水は止まらず、藩邸も度々浸水した。

第５表　領内の水害

年　　代	月日	事　　項	出　　典
寛文11年（1671）	7．4	大聖寺大水	聖藩年譜草稿
寛文12年（1672）	6．2	大聖寺大水、荻生橋落る	聖藩年譜草稿
元禄14年（1701）	8.18	大聖寺大水	日記頭書
享保８年（1723）	8.10	大聖寺大水、20年来の洪水	一蓬君日記
元文５年（1740）	7．1	大聖寺大水、門前舟往来	聖藩年譜草稿
寛延元年（1748）	6．5	大聖寺大水	日記頭書
明和５年（1768）	5.29	大聖寺大水、邸内土塀崩壊	清水長勅日記
安永２年（1773）	7.11	大聖寺大水、横北堰落る	清水長勅日記
天明３年（1783）	7.11	大聖寺大水、耳聞山も洪水	笠間亨日記
寛政元年（1789）	6．7	大聖寺大水、邸内洪水	笠間亨日記
寛政８年（1196）	6．2	大聖寺大水、町家多数潰る	笠間亨日記
文化４年（1807）	9.15	大聖寺大水、邸内洪水	笠間亨日記
文化５年（1808）	6.27	大聖寺大水、邸内洪水	笠間亨日記
文化８年（1811）	8.14	大聖寺大水、邸内水入	清水長勅日記
文化13年（1816）	6.19	大聖寺大水、８月４日洪水	西尾文書
文政３年（1820）	6．8	大聖寺大水、邸内水入	日記頭書
文政８年（1825）	6.14	大聖寺大水	西尾文書
文政12年（1829）	2.17	大聖寺大水、雪解け水	西尾文書
弘化４年（1847）	4.10	大聖寺大水、邸内洪水	西尾文書
嘉永元年（1848）	8.27	大聖寺洪水	西尾文書
嘉永２年（1849）	4.15	大聖寺洪水	西尾文書
安政６年（1859）	7.26	大聖寺洪水	青池弥右衛門日記
万延元年（1860）	11.28	大聖寺洪水	青池弥右衛門日記
文久３年（1863）	5.20	大聖寺洪水、城下半数浸水	青池弥右衛門日記
慶応２年（1866）	8．6	大聖寺洪水	青池弥右衛門日記

※『加賀藩史料』『大聖寺藩史』『加賀市史』『加賀市史料』などにより作成。

まず、領内の水害についてみよう。天明三年（一七八三）七月一一日に発生した大聖寺大水では、少し高地になっていた耳聞山（中堅藩士の居住地）を含む城下の大半が浸水し、町家四五戸と土蔵二三ヵ所が倒壊した。また、道明橋《どうみようばし》（山中）・二天橋・勅使橋など領内で多くの橋が落ち、川筋の田畑が多く損失した。金沢城下でも犀川橋・浅野川大橋・同小橋などが落ち、藩士の屋敷や町人の家屋などを破壊する大きな被害で死人も多数でた[11]。

寛政元年（一七八九）閏六月七日に発生した大聖寺大水は、藩邸の所々をはじめ、藩士の屋敷や町人の家屋・土塀などを多く破壊する被害をもたらした。先年の大水に比べて水位が二尺（六〇㌢）以上も高く、家老の生駒氏・佐分氏・山崎氏や家臣の森本氏・安井氏・原氏などの屋敷が大破したという。金沢城下に架かる橋も数ヵ所で落ち、金沢城下でも犀川大橋などが落ち、藩士の屋敷や町人の家屋などを破壊する被害がでた[12]。

文化四年（一八〇七）九月一七日に発生した大聖寺大水は、藩邸の役所をはじめ、藩士の屋敷や町人の家屋・土塀などを多く破壊する被害をもたらした。城下に架かる橋も数ヵ所で落ち、後述する救助船（助船）が出動したものの、水の勢いが強く、ほとんど機能しなかった[13]。

文化五年六月二八日に発生した大聖寺大水は、前年の大水に比べて水位が低く、救助船の活動もあって被害が少なかった。ただ、翌日朝からの大水は藩邸の御馬廻番所・御土蔵・作事所をはじめ、藩士の屋敷や町人の家屋などを多く破壊する被害をもたらした。城下では潰家二軒、塩浜村では潰家

第６表　大聖寺藩の救助船

出動村名	出　動　場　所
吉崎村（４艘）	御門前（１艘）、繰船西之爪（１艘）、四丁町（１艘）、下新町（１艘）
塩屋村（６艘）	御門前（１艘）、上新町（１艘）、御新宅（２艘）、三枚橋（１艘）、十一町（１艘）
瀬越村（５艘）	御門前（１艘）、観音町（１艘）、福田橋（１艘）、御徒町（１艘）、穴虫口（１艘）

※『大聖寺藩史』により作成。

第７表　領内の風害

年　代	月日	事　項	出　典
正徳２年（1714）	8.10	領内大風	聖藩年譜草稿
宝暦13年（1763）	9.4	領内大風、潰家等多数	清水長敦日記
寛政３年（1791）	8.20	領内大風	林家文書
文化４年（1807）	1.19	領内大風、死者多数	聖藩年譜草稿
安政５年（1858）	11.10	領内大風	青池弥右衛門日記
慶応２年（1866）	8.8	領内大風	青池弥右衛門日記
明治４年（1871）	5.19	領内大風、潰家等34戸	子爵前田家文書

※『加賀藩史料』『大聖寺藩史』『加賀市史』『山中町史』などにより作成。

一軒と死人がでた⒁。

こうした水害に対し、藩は享保一三年（一七二八）に吉崎村から四艘、塩屋村から六艘、瀬越村から五艘の救助船（助船）を出して、御門前・新橋・福田橋・永町・荒町・観音町・中町・上新町・御徒町・穴虫口などの要所に配備し、天明三年には三ヵ浦からの救助船を二二艘に増やした⒂。

次に、領内の大風（風害）についてみよう。宝暦一三年（一七六三）九月三日に発生した大聖寺大風は、藩邸の割場門、並木の栂木三本をはじめ、藩士の屋敷や町人の家屋・土蔵などを倒壊し、数十人の死人をだす被害をもたらした。藩士では雨夜斧次の父と子息が即死し、服部壽徳や後藤助之進が頭に怪我をした⒃。

文化四年（一八〇七）正月一九日に発生した三ヵ浦暴風雨は、渡海船と猟船数艘を転覆させ塩屋村で五〇人、瀬越村で一九人の溺死人をだす被害をもたらした(17)。慶応二年（一八六六）八月八日に発生した大聖寺大風は、藩邸の所々をはじめ、藩士の屋敷や町人の家屋・土蔵などを倒壊する被害をもたらした(18)。

三　領内の震災と飢饉

まず、領内の震災についてみよう。文化一一年（一八一四）の『政隣記』には「十月十日大聖寺大地震、民屋悉破損、人馬死る事夥し」とあり(19)、藩祖利治が初入部した翌年、寛永一七年（一六四〇）に発生した大聖寺大地震は、前年から大聖寺城下で建造していた藩士の屋敷や町人の家屋などを多く倒壊し、多数の死者をだした。これは大聖寺城下付近を震源とする直下型地震であったと考えられる。また、江戸後期の『一蓬君日記《いっぽうくんにっき》抜書』には「十月四日、快晴、午之下刻大地震、及暮五度、御屋敷江出、于年寄中謁ス。従夫老中相勤、東野氏同道町順見、本町潰家《つぶれや》四軒、地子町三軒、四丁町一軒、其外大破本十軒、地子三、四丁五」とあり(20)、宝永四年（一七〇七）一〇月四日に発生した大聖寺大地震は、本町で四軒、地子町で三軒、四丁町で一軒の潰家、本町で一〇軒、地子町で三軒、四丁町で五

第８表　領内の震害

年　代	月日	事　項	出　典
寛永17年（1640）	10.10	大聖寺大地震、死傷者多数	三壺聞書
宝永４年（1707）	10.４	大聖寺大地震、潰家等26戸	一蓬君日記
寛政11年（1799）	５.26	大聖寺大地震、潰家等多数	林家文書
享和２年（1802）	10.22	大聖寺地震	林家文書
文政２年（1819）	６.12	大聖寺大地震、潰家等多数	横山氏日記
安政２年（1855）	２.１	大聖寺大地震、潰家等多数	御用方手留
安政５年（1858）	２.10	大聖寺大地震、潰家等多数	青池弥右衛門日記

※『加賀藩史料』『大聖寺藩史』『加賀市史』などにより作成。

軒の大破家を出す被害をもたらした。これも大聖寺城下付近を震源とする直下型地震であったと考えられ、翌五日から一六日まで大きな余震が七回も続いた。

寛政一一年（一七九九）五月二六日に発生した大聖寺大地震は、藩邸の御手道具土蔵玄関をはじめ、御露地の地盤割れ、藩士や町人の土塀・土蔵・玄関などを倒壊する被害をもたらした。[21]

安政五年（一八五八）五月二五日に発生した大聖寺大地震は、藩邸の部屋壁が落下、藩士や町人の家屋・土蔵・土塀などを倒壊する被害をもたらした。中町辺りの揺れは強かったものの、その周辺では弱く、それまでの地震とは異なっていた。[22]江戸末期の「御家老方等手留」によれば、この大地震は越前国金津・丸岡で潰家二〇〇軒と潰土蔵七〇余、大聖寺藩領で潰家一〇〇軒余と潰土蔵五〇計、加賀藩領で潰家二六八六軒余（金沢城石垣崩所一三、城下一一四軒、能美・石川郡二九八軒、新川・射水・砺波郡二二六一軒、羽咋郡一三軒）と潰土蔵八九二計（城下一五、能美・石川郡四一、新川・射水・砺波郡八二五、羽咋郡五）と死人一四人（能

第9表　領内の飢饉

年　　代	月日	事　　項	出　　典
天和元年（1681）	10.10	飢饉、餓死人2587人	日記頭書
正徳２年（1712）	10.４	飢饉、餓死人数人	秘要雑集
天明３年（1783）	８.10	飢饉、餓死人数十人	林家文書
天保７年（1836）	８.３	飢饉、餓死人数百人	餘香の梅
天保10年（1839）	９.４	飢饉、餓死人数十人	聖藩年譜草稿

※『加賀藩史料』『大聖寺藩史』『加賀市史』などにより作成。

美・石川郡三人、新川・射水・砺波郡一一人）、富山藩領で潰家不詳と潰土蔵三〇〇計、大坂表で焼失家一万七〇〇〇軒余と潰土蔵四〇〇計などの被害をもたらした[23]。このように、寛永一七年（一六四〇）、宝永四年（一七〇七）、文政二年（一八一九）の大聖寺地震は、大聖寺付近を震源とするものであり、江戸前期までは六〇〜七〇年程度の周期、寛永以降は一一〇〜一二〇程度の周期で発生したようだ。

次に、領内の飢饉についてみておこう。江戸後期の『日記頭書』には「当年飢饉付而、御郡中より御救米願十村より指出、御貸被成る。七月。当秋迄餓死人二千五百八十七人」とあり[24]、天和元年（一六八一）頃に発生した飢饉は、当秋までに二五八七人の餓死人をだす被害をもたらした。

正徳二年（一七一二）秋に発生した飢饉では、領内で餓死人や乞食をだす被害をもたらすとともに、年貢の免切（減税）をめぐる正徳一揆が起こった。同年八月一〇日、北陸地方に西から暴風が吹き荒れ、加越能三ヵ国では三〇〇〇戸の家々が倒壊し、稲の被害も四〇万石と推定された。三ヵ国では一八〇〇余の村々が見立願を出したものの、六〇〇余の村々では調査さえされなかったため、石川・砺波郡の一部百姓が御算用場に詰めかけて騒動となった。大聖寺藩でも、減免措置を不満とした百姓数百人が一〇月六日の深夜に役人と十村役が宿泊していた那谷寺の不動院と那谷村の肝煎権四郎宅を襲い、公用の書類や家財道具を焼払って「四分は年貢、六分もらい」（六割減免）の証文を役人に書かせた。[25]

天明三年（一七八三）秋に発生した飢饉は、領内で相当数の餓死人や乞食をだす被害をもたらした。[26]江戸後期の『笠間亭日記』には「去秋の大変にて諸国一同に不作に成、頃日比は米は町にて買候へば八十四匁致し申候」とあり、[27]米価は通年の倍額（一石に付き四五匁から八四匁へ）に高騰した。

天保七年（一八三六）秋に発生した飢饉は、領内でも多数の餓死人をだす被害をもたらした。[28]とくに、奥山方の村々は薙畑《なぎはた》（焼畑）による補助生産で生活していたため、被害が大きく餓死者が多くでた。今立村では、同八年の飢饉で七六人の餓死人をだして七〇戸中の二四戸が絶家となったため、嘉永二年（一八四九）に至って村はずれの畑中に「天保八年亡霊、南無阿弥陀仏」と刻まれた石碑を建てて餓死人を弔った。[29]

三界墓（加賀市山中温泉今立町）

天保一〇年（一八三九）秋に発生した飢饉（害虫で凶作）は、「損毛方七万千十石」の届書を提出する程度の被害をもたらした[30]。この飢饉に対する大聖寺藩の貸米高は明確ではないが、領内の百姓らは満足できる額の貸米が与えられたという。なお、加賀藩の加賀国能美・石川・河北三郡の百姓らは同年一一月に貸米高五万六四一八石余を、藩士・徒士・足軽・坊主・小者らは同年一二月に知行高・切米・扶持米などに応じて貸銀を与えられた[31]。

註

（1）『秘要雑集』（石川県図書館協会）三七〜三八頁および『大聖寺藩史』（大聖寺藩史編纂会）四七二頁

（2）『加賀市史料五』（加賀市立図書館）六三〜六四頁

（3）『加賀藩史料・第六編』（清文堂）六五一頁

（4）『右同・第八編』九頁

（5）『右同』一三六〜一三八頁、前掲『大聖寺藩史』九四二〜九四六頁および『三州奇談』（石川県図書館協会）一二頁）。宝暦九年（一七五九）四月一〇日には、加賀藩の金沢城下においても領内最大の大火が発生した。この大火は折からの強風により金沢城をはじめ、武士宅・町人宅・寺社など家屋一万五〇〇〇戸余を焼失し、城下の過半が焼土と化した（前掲『加賀藩史料・第八編』六二〜八九頁）

（6）前掲『大聖寺藩史』九四七〜九四八頁および前掲『加賀藩史料・第拾編』六九〇頁

（7）『右同』九五〇頁

（8）『右同』九五四〜九五六頁。「加賀鳶」と称する鳶之者一三人を召し抱える大聖寺藩の三町火消規定には、御纏奉行《おまといぶぎょう》・御徒目付《おかちめつけ》・足軽小頭《あしがるこがしら》・割場《わりば》帳前《ちょうぜん》など火消役五五〜七八人（藩主の在府・在国や出火時の昼夜で差異あり）を置くこと、藩主が太鼓《たいこ》を打てば屋根に登ること、鉦《かね》を打てばその場を退くこと、拍子木《ひょうしぎ》を三打すれば全員引き上げることなどが定められていた（『同書』九六〇頁、九六二頁）。

（9）『同書』九七四頁

（10）前掲『加賀市史料五』二三八〜二四〇頁。割場は、天明五年（一七八五）に火消道具として鎌竿《かまぞう》六〇本、熊手《くまで》三〇本、鋸《のこぎり》四挺、玄能《げんのう》二挺、鎹《かすがい》四挺、鐇《まさかり》七挺、鉄カキ五ッ、竹階子《たけはしご》一一挺、大水溜籠一一、うちわ二三本、かけや八挺、しやく三〇本、たたき藁《わら》三〇本、小水籠一三〇、高桃燈一一張、釣瓶《つるべ》二本などを常備していた（前掲『大聖寺藩史』九六六頁）。

(11) 前掲『大聖寺藩史』九七七頁
(12) 前掲『加賀藩史料・第九編』五三九～五四〇頁
(13) 前掲『大聖寺藩史』九七八頁
(14) 『右同』九七九頁
(15) 『右同』九八一～九八二頁
(16) 『右同』九八五頁
(17) 『大聖寺藩史談』（石川県図書館協会）一八頁
(18) 前掲『大聖寺藩史』九八五～九八六頁
(19) 前掲『加賀藩史料・第貳編』九七九頁。宝永年間（一七〇四～一〇）の『三壺《みつぼ》聞記《ききがき》』（三壺記）にも、「十月十日に大聖寺大地震ゆり、町屋悉く破損し押倒され、人馬死する事夥し」とある（前掲『大聖寺藩史』九八三頁）。
(20) 拙編『大聖寺藩の武家文書2』（北陸印刷）一九〇頁
(21) 前掲『大聖寺藩史』九八三～九八四頁
(22) 『右同』九八四頁
(23) 前掲『加賀藩史料・幕末篇上巻』九二九～九三二頁
(24) 前掲『秘要雑集』三九頁および前掲『加賀市史料六』六二頁。加賀藩では寛永一八年（一六四一）に発生した飢饉に際し、多数の農民が諸給人に年貢を未進しており、支藩の富山・大聖寺両藩でも飢饉が発生したと考えられる（前掲『加賀藩史料・第参編』五五～五六頁）。
(25) 前掲『加賀藩史料・第五編』九六一頁
(26) 前掲『大聖寺藩史』九八七頁
(27) 『右同』九八七頁
(28) 『右同』九八八頁。江戸後期の『餘香《よこう》の梅』には「天保七年の凶荒《きょうこう》は天下一統の災厄《さいやく》にして、餓莩《がひょう》（餓死者）路に横はり、人相食むとも云べき程の事なり。公（九代利之）、賑救《しんきゅう》の御政道《ごせいどう》に御思慮《ごしりょ》を盡され、自らも粥《かゆ》召上られて、倉廩《そうりん》のあらんかぎりは、窮民の食糧にあてられ（後略）」とあり（前掲『大聖寺藩史』九八八頁）、九代利之は天保七年の飢饉に際し窮民らに食糧として蔵米を提供した。

(29)『石川縣江沼郡誌』（石川縣江沼郡役所）九七五頁。山中温泉今立町の古老は、「天保八年の飢饉以来、今立では八年間分の味噌を貯蔵するようになり、子どもの頃は黒くなった味噌ばかり食べていた」と話している（拙著『続加賀・江沼雑記』北国新聞社、九六頁）。なお、大聖寺藩と領地を接する天領白山麓一八ヵ村は、主に薙畑生産によって生活していたため、天保七年および翌年の飢饉で一四一四軒中の七二七軒の絶家をだし、須納谷村（一七軒）は廃村となったという（『白山麓島村山口家・杉原家文書目録』石川県立図書館、一一七頁）。

(30) 前掲『大聖寺藩史』二三～二四頁

(31) 前掲『加賀藩史料・第拾五編』一〇一頁、一〇六～一〇八頁。矢田野新田の水田四万歩は、この大旱魃を契機に畑地になったという（前掲『石川縣江沼郡誌』七三三頁）。

おわりに

私は五〇年近く加賀藩の林制史を中心に、加賀藩・白山麓などの焼畑用地、加賀藩の山村経済および交通などの研究を続けてきた。その間に『加賀藩林制史の研究』（法政大学出版局）、『加賀藩林野制度の研究』（同上）をはじめ、『白山麓・出作りの研究』（桂書房）、『加賀藩山廻役の研究』（同上）、『加賀藩地割制度の研究』（同上）、『大聖寺藩産業史の研究』（同上）、『大聖寺藩制史の研究』（同上）、『地域社会の史的研究』（橋本確文堂）、『加賀藩の入会林野』（桂新書11）、『油桐の歴史』（桂新書13）、『加賀藩の林政』（桂新書14）などを著した。

また、市町村史編纂会や歴史研究会および個人研究などで採訪した史料を、『加賀藩林制関係史料（全三巻）』（北陸印刷）をはじめ、『加賀藩の十村文書』（同上）、『加賀藩の山割文書』（北野印刷）、『日暦』（北陸印刷）、『加能越産物方自記』（同上）、『五ヶ山諸事覚帳』（同上）、『大聖寺藩の武家文書（全一〇巻）』（同上）、『大聖寺藩の地方文書』（同上）、『大聖寺藩の町有文書』（北野印刷）、『大聖寺藩の地割文書』（同上）、『大聖寺藩の寺院文書』（北陸印刷）、『大聖寺藩の村御印』（同上）などに纏めた。このほか、『橋立町史』（能登印刷）、『大聖寺町史』（同上）、『作見地区史』（同上）など町史をはじめ、研究誌・新聞・雑誌などにも多く論文を発表した。

本書は令和三年に発刊した『大聖寺藩秘史』の続編であり、江沼地方史研究会の機関誌『えぬのくに』に発表した論文や、加賀市立中央図書館が平成一五年から開催している「ふるさと歴史講座」で発表したものを纏めたものである。

本書は政治・経済・社会・文化など幅広い分野にわたる論考で構成したため、些《いささ》か研究の分野や時代が区々《まちまち》となり、系統性に欠けるものとなった。各論文では実際に史料の舞台となった地域を意識し、地域社会に生きる人々の生活を思い浮かべながら、史料から読み取れる世界を最大限に再生して論考したつもりである。ともあれ、これは主要な産業がなく、財政が逼迫し続けた加賀藩の支藩である大聖寺藩が、本藩や領内の北前船主・町人・農民などの援助を得ながら明治維新まで存続したことを物語る内容であり、是非とも一読してもらいたい。なお、大聖寺藩がいかに北前船主から援助を得たかについては、牧野隆信『北前船の研究』（法政大学出版局）や拙著『シーリズ藩物語・大聖寺藩』（現代書館）に詳しいので、参照されたい。

最後に、元江沼地方史研究会会長で北前船研究の権威あった故牧野隆信氏、元同会幹事の故上出敕氏をはじめ、見附裕史氏・田嶋正和氏など多くの同会員から御援助・御教示を得たこと、また出版にあたっては能登印刷出版部に一方ならぬお世話になったことを深く感謝する次第である。

二〇二四年八月

著　者

［著者略歴］

山口隆治（やまぐち・たかはる）

1948年、石川県に生まれる。中央大学大学院修了。

文学博士（史学）。現加賀市文化財保護審議委員会々長。

主な著書：『加賀藩林野制度の研究』（法政大学出版局）、『加賀藩山廻役の研究』（桂書房）、『白山麓・出作りの研究』（桂書房）、『加賀藩林制秘史』（能登印刷出版部）など。

九《ここの》つの論考《ろんこう》でひもとく
続《ぞく》大《だい》聖《しょう》寺《じ》藩《はん》秘《ひ》史《し》

二〇二四年一一月三〇日　第一刷発行

著　者　山口隆治
発行者　能登健太朗
発行所　能登印刷出版部
〒九二〇－〇八五五
石川県金沢市武蔵町七番一〇号
電　話〇七六－二二二－四五九五
ＦＡＸ〇七六－二三三－二五五九
印刷・製本　能登印刷株式会社

ISBN978-4-89010-843-5 C0021